美国幼儿园老师这样养孩子

沙沙心语 著

中国纺织出版社
国家一级出版社
全国百佳图书出版单位

图书在版编目（CIP）数据

美国幼儿园老师这样养孩子 / 沙沙心语著 . -- 北京：中国纺织出版社，2019.1

ISBN 978-7-5180-5462-6

Ⅰ . ①美… Ⅱ . ①沙… Ⅲ . ①幼儿教育—美国 Ⅳ . ① G61

中国版本图书馆 CIP 数据核字（2018）第 227678 号

责任编辑：李凤琴　　责任校对：武凤余　　责任印制：王艳丽

中国纺织出版社出版发行
地址：北京市朝阳区百子湾东里 A407 号楼　邮政编码：100124
销售电话：010 — 67004422　传真：010 — 87155801
http://www.c_textilep.com
E-mail:faxing@c_textilep.com
北京通天印刷有限责任公司印刷　各地新华书店经销
2019 年 1 月第 1 版第 1 次印刷
开本：710 毫米 ×1000 毫米　1/16　印张：13
字数：150 千字　　定价：39.80 元

凡购本书，如有缺页、倒页、脱页，由本社图书营销中心调换

序 言
孩子，你要有面对未来的勇气

  播种一个行为，收获一种习惯；播种一个习惯，收获一个未来。

  育儿教育，如果用一个词来形容，我认为是修身养性。修身，即为以身作则，做好自己。孩子在成长的过程中都是从模仿开始他们人生第一步的，所以我们要规范自己的言行举止，给孩子做出一个好的榜样。养性，亦为养心，加强自我修养，父母的修养提高了，孩子自然会受到影响。育儿的关键是要关注孩子的身心教育、品行教育，引导他们正向思维，给予他们成长路上的正能量。

  每一个家庭，每一双父母，在面对呱呱坠地的婴儿时，就应该做好修身养性的准备，除了给予孩子一个健康的成长环境，更多的是利用科学的育儿思维和方法，培养孩子们的独立思维和良好习惯，给予他们面向未来的勇气和力量。

  作为一个在美国从事幼儿教育的中国妈妈，一直都穿插在中西教育的环境中。每一个孩子都有一个自己的成长经历，这些经历会教给他们怎么去与人相处，怎么去面对生活，怎么去思考自己的人生，怎么去选择未来的人生之路。而我们，作为父母，并不能代替孩子去经历他们的人生。我们只能用我们学习到的人生经验帮助孩子去经历、去体验，引导他们更好地去选择自己的人生之路。

  很多父母亲，觉得孩子还小，总喜欢事无巨细地替他们打理好生活上的一切。于是，当孩子长大一些的时候，就总是听到这些父母亲的抱怨："为什么我的孩子总是找不到自己的东西？""为什么这小孩啥事情都要问我？""难道孩子都是这么丢三落四的吗？""我们家孩子一天到晚就知道买玩具，怎么办？"，等等。但美国的妈妈却极少有这样的问题。为什么呢？因为西方的教育更注重孩子独立性的培养，而孩子的独立性往往与责任心联系在一起。

  忘记从哪一天开始，我告诉豪豪："以后你的衣服你自己管理了。"从那以后，连整理出门旅行的行李箱他都能自己妥妥地收拾好。当他发现自己可以主宰自己的生活时，责任心和独立性就会随之而来。他在不断地犯错中体会着生活的不易，也慢慢地领悟到要为自己的决定买单。记得刚开始教他折叠衣服的时候，他总是草草地一折，堆成一堆放在他的衣柜里。有时候，衣服就会从衣柜里滑下来，他就抱成一团再塞回衣柜里。我从未批评过他，只当没有看到，继续埋头折叠好我的衣服。这样他持续了一段时间，慢慢地，我看到他开始学着我的样子认真地折叠着他的衣服，把衣服按类别分好。有时候，我也会把我从网上学习到新的空间管理方法分享给他，我们一起慢慢学习。成长是需要时间的。

很多人不相信六个月的宝宝可以自己吃东西，但我们经常可以看到一些外国孩子，满脸脏脏的用手抓着食物香香地咀嚼着。他们很开心很专注地享受着食物带来的快乐，同时也在品尝着每一种食物带来的不同味觉。如今，我们的物质条件好了，吃饭不再是解决温饱的问题，而应该转变为快乐的享受时光。追着孩子喂饭可是一个体力活，于我们于孩子都毫无益处。孩子的专注力培养原本就是体现在一些极其细小的生活琐事上。孩子自己吃饭，也许会浪费一些食物，浪费我们一些时间去打扫卫生。但是，千万别小看吃饭这件事，孩子在自己吃饭的过程中，活动了他的手指，活跃了他的大脑细胞，还能更好地品尝到不同食物带来的五官上的感觉。

每一个孩子都会经历一个试探、叛逆、挑战的过程，而在某个阶段的有些行为总是让父母很烦恼、很忧心，或者困惑，或者不知所措，甚至有些父母会变得很忧虑，变得很消极。试想一下，如果现在有一个外星人站在我们的面前，我们会有怎样的反应呢？我们是否也会好奇，会去试探，去了解呢？当发现这个外星人想控制我们的时候，我们是否也会出现叛逆和挑战的行为呢？孩子是一个独立的个体，并不是父母亲的附属品，他们有他们完全独立的人格。所以，当我们面对这些问题的时候，不是去责怪孩子的不听话，气愤他们的难以管教，而是去了解他们的想法，理解他们的行为，倾听他们的不满，从而找到问题的根源，从旁引导。解决孩子问题的第一步，是思维上的转变。

我们总说，陪伴孩子时，要蹲下去和孩子在同一个高度。这其实并不仅仅是字面上的意思，还有一层深意，是希望父母亲可以蹲下去，从孩子的视野去思考育儿教育。只有这样，我们才能思孩子的所思，想孩子的所想。也只有这样，我们才可以与时俱进地陪着孩子们一同成长，做一盏明灯，指引他们在未来的人生道路上走得更为稳固。

全然地爱孩子，经常地引导孩子，适当地管教孩子，这才能给孩子扎实的根基和一双自由飞翔的翅膀，当孩子走出家门的那一天，他们才有勇气面对这个世界，有勇气迎接未来的挑战。

沙沙心语
2018 年 9 月于美国硅谷

教育的对立面是操纵，它出于对孩子之潜能的生长缺乏信心，认为只有成年人去指导孩子该做哪些事，不该做哪些事，孩子才会获得正常的发展。然而这样的操纵是错误的。

——弗洛姆

目录

第一章 孩子的品质，比天赋和智商更重要

学会感恩的孩子，未来更美好　002

不愿分享不是孩子的错　005

孩子的耐心是慢慢培养出来的　008

让孩子笑着面对生活吧　011

自信的孩子会发光　014

孩子输不起怎么办　017

改变孩子火爆脾气有方法　020

懂事的孩子是怎么炼就的　022

赋予孩子一定责任，胜过给孩子提要求　025

从小培养孩子的团队合作精神　028

带孩子餐厅吃饭的大学问　032

第二章　培养孩子的学习能力有多重要

督促孩子，不如培养孩子的专注力　036
培养孩子的想象力，请开启你的自由模式　039
观察力强的孩子，智力也很高　043
学外语千万别错过黄金期　046
如何利用阅读帮助孩子快速学习　049
该不该给孩子指字阅读　053
让孩子爱上写作从阅读开始　056
会玩的孩子更懂学习　059
你真的会陪孩子写作业吗　062

第三章　好的习惯，让孩子受益一生

五个细节培养孩子的好习惯　068
孩子的磨蹭，并不是一个坏习惯　071
赶走孩子的"小磨蹭"有妙招　074
不断挑战，激发孩子的潜能　077
教孩子学会受益一生的一句话　080
对孩子"说到做到"很重要　083
帮助孩子跟难以相处的同龄人打交道　086
对治孩子粗心有妙招　089
孩子，你是在为自己读书　092

第四章　兴趣的培养，决定孩子的终身成就

每个孩子都有自己的天赋　096

五种方法帮你找到孩子的天赋　099

让孩子学艺之旅变轻松　102

请温柔地对待孩子学艺的矛盾期　106

千万别把你的孩子培养成人造天才　108

画画，孩子从不喜欢到喜欢　110

不会玩的孩子，没有未来　112

第五章　懂得放手，是父母成长的最高境界

培养孩子独立性的三个坚持　116

请相信我们的孩子　119

爸爸，请你放手吧　122

让孩子做做"傻"事也无妨　125

冷处理孩子叛逆才是上上之策　128

让孩子不再追问"爸爸去哪儿"了　131

孩子，你要学会做自己　134

孩子的自由，你给对了吗　136

不要破坏孩子与生俱来的适应力　140

第六章 用对方法，孩子更合作

不打不骂，是为了更好地管教孩子　144
带孩子，还是亲力亲为好　147
父母对孩子最不能说的三句话　150
如何回应和安抚孩子的分离焦虑　153
抓住时机沟通，会让育儿更顺畅　156
巧用电子产品解决育儿难题　159
从孩子的错误中寻找最佳教育时机　162
"我还没有玩完，请还给我"　165

第七章 给孩子有规则的爱

温柔地坚持原则，不能被孩子牵着走　170
惩罚孩子的三种有趣方法　173
换种说话方式，站在孩子的角度看问题　176
对孩子的爱要大声说出来　179
鼓励孩子是个技术活　183
不吼不叫也能教育好孩子　186
活用正面管教的三个技巧　189
每日换位思考对孩子说三句话　191
孩子放狠话，妈妈还好吗　194

第一章
孩子的品质,比天赋和智商更重要

孩子品质的培养,是一个潜移默化的过程,家庭教育在每一天里润物细无声地滋养着孩子的心灵。

学会感恩的孩子，未来更美好

千里之行，始于足于，我们在养育孩子的过程中，要时刻提醒自己：我们现在做的一切，都是为了把孩子培养成一个合格的成年人。

虽然我对儿子豪豪很多方面的教育都是马马虎虎，随他任意发展，但在品德教育上我却特别用心。在我看来，一个孩子的将来是否幸福，并不取决于未来的他有多大的成就，或者成为了一个多么有钱的人，这一切都比不上拥有一颗感恩的心更加重要。

之前我就一直和老公讨论过要怎样教导儿子学会感恩。带儿子走到了今天，他已经快两岁了，我们发现他最大的学习能力还是在模仿学习，而我们所能做的还是言传身教。

要让他从内心去体会感恩，就必须让他学会给予、接受和分享。小朋友最喜欢说的一句话就是"我的"，儿子学会的英文单词里，"mine"也是排在前十位的。曾经有一阵子，只要他喜欢的东西，他都会说"mine"，这是孩子自私的天性。我看到之后，通常都会根据不同的情况对他进行教育。

如果物品是别人的，他喜欢而抢过来的，我会拿他自己平时最喜欢的一个玩具给他选择，是把别人的东西还给别人还是把自己的玩具给别人玩，儿子一般都会选择自己的玩具，这个时候我就会带着他让他自己把别人的玩具交还给人家，并且让他说"对不起"，但是他很少愿意说，我就会当着他的面给那个小朋友道歉，然后让儿子给小朋友一个抱抱，这点他还是很愿意做的。有的时候，他也会舍弃自己的玩具，我就会让他亲自把自己的玩具分享给那个小朋友，然后请他说"please"，因为儿子还不会说句子，所以我会当着他的面问那个小朋友，可以交换玩具玩吗？一般这种情况下，小朋友都不会有什么意见。这个时候，我要求儿子必须说了"谢谢"之后，才可以离开去玩。所以儿子现在说得最好的中文就是"谢谢"，最好的英文就是"please"。因为这两字他一天要说几十次，最近"sorry"也开始说了，中文的"对不起"还说得不好。

有的时候，我和他一起吃水果。就拿吃橘子来说吧，我会把橘子分成两半放在他的面前。他喜欢自己剥橘子皮，我一般也都是让他自己研究怎么剥橘子，很少帮他，正好趁着这个机会可以看看我的书。不过现在他动作麻利了，我也做不了什么了。等他剥完了橘子皮，我会要求他把橘子分为两份，一来是为了教他一些数字，二来让他学习分享。他一般都会分给我小部分橘子。我也从不说什么，只是让他数自己和妈妈有多少片橘子，然后就和他一起吃橘子，在吃橘子的过程中，我会把我的橘子给他一片，也会问他要一片。我们会一直在玩互相喂给的游戏，他特别喜欢喂水果给我和他老爸吃。每一次吃水果的时候，我们家都是笑声不断，因为他会很认真地做出很多不同的方法来喂给我们，他爸对水果比较挑剔，所以每次都被逼着吃很多他不喜欢吃的水果。

豪爸有临睡前教儿子说感恩词的习惯，让儿子在临睡前跟着父亲感谢今天见到的朋友，感谢母亲和阿姨的照顾，感谢陪伴自己一起玩的小朋友。豪爸会提及每一个人的名字，儿子也会跟着说名字。他现在还不太会说句子，豪爸严肃并且轻柔的声音让儿子的声音也变得很柔和、很认真。而我也会在儿子说完之后，跟着说一遍。我觉得这种诚心的感恩教育是很好的健康心理课。

带孩子的生活中总会遇到很多问题，这些问题出现时恰恰是最好的教育孩子的时机，而我们也是在摸索着找出最委婉并且最有效的方法来教育我们的孩子。辛苦的育人路上，千万别忘记了最基本的一课——教孩子学会感恩。只有拥有一颗善良和懂得感恩的心的孩子，才不用我们太担心他们未来的道路，因为我们知道，带着感恩的心去走自己的人生路，即使前面的路多么崎岖，也会走得坦然。

不愿分享不是孩子的错

要让孩子学会分享，如果一个孩子不会分享，就算守着大堆的玩具和美食，他也是孤单的、不快乐的。分享中包含着宝贵的平等与博爱思想，让孩子学会分享对于孩子的成长是至关重要的。

对父母来说，分享是一种美德；对孩子来说，分享是一种痛苦。我们可以看到很多孩子在分享这一个环节里，表露出的都是自我的一面，两岁的孩子最喜欢说的就是"我的"。记得我的老师曾经在分享这个问题上，举过一个夸张却很有意义的例子：假设，现在你有了一个亲密的男朋友，而你的女友也很喜欢这个男朋友，她请求你分享你的男朋友给她，你会分享吗？如果你说这和孩子分享玩具是两回事，那么如果你现在有了一辆你喜欢的车子，你的朋友也很喜欢，想开你的车子，你会分享吗？

回答完上面的两个问题，你就该把自己放到孩子的角度上去看问题，分享是需要理解和自愿的，那么我们又该如何培养孩子的分享意识呢？

第一步：绝对不要强迫孩子去分享。

孩子不喜欢分享绝不是因为他们自私，或者说他们小气，这和性格无关，分享本来就是要教导的。当孩子不喜欢分享的时候，就不要强迫他。孩子玩任何东西都没有耐心，当另外的一个小朋友也想玩他的玩具时，首先要教给他们的就是好好说话，接下来就是耐心等待。这时候，你好好地对你的孩子说，某某也想玩你的玩具，请你借给他玩一下好吗？这个时候，你的孩子可能会不情愿地继续玩他的玩具，没有关系，其实这个时候他已经在思考了，给他一点时间。不要强行让他分享他的玩具，也千万不要让别的孩子去抢他的玩具，要对那个小朋友说，你再好好地对他说话，请他借给你玩一下。一定要说礼貌用语，小孩子通常是吃软不吃硬的，当你好好说，并且不强迫他的时候，他等一会儿就会很自觉地把他的玩具借给你玩或者和你一起玩。这一招在两岁到三岁的小朋友身上效果很明显。

第二步：分享故事，策划一下分享的时段。

故事书中有很多关于分享的桥断，大部分小朋友都喜欢听讲故事，并且会模仿故事中人物的一言一行。当你发现你的孩子开始任何事情上都是"我的"时候，就是启蒙教育的阶段到了。通过书本让他知道分享，让他明白分享之后的心情，从故事中体会分享的快乐。有一个游戏很有帮助，可以选择一天和朋友的小孩子一起玩的时候，和孩子说，今天是我们的分享日，这在美国的幼儿园很流行。在美国的幼儿园，每个星期的星期五是小朋友的分享日，这天要小朋友们带自己最爱的玩具或者书本，拿出来分享给别的小朋友玩。当小朋友体会了玩别人玩具的快乐，他就开始明白分享的快乐在哪里。我们自己在家也可以玩这样的游戏，选一个时辰作为孩子和父母的分享日，可以分享故事，让小朋友给我们讲讲他最喜欢的故事，他讲得好不好不是重点，重点是他讲完之后会分享给你看。

第三步：从分享食物开始。

在训练孩子分享的过程当中，我发现孩子比较容易接受食物的分享，即使是他最爱吃的零食，他还是会愿意分享。大部分小朋友的零食都是饼干、糖果之类的。我儿子豪豪每次吃饼干的时候，周围邻居小朋友都会围过来，我每次都会告诉那些小朋友们要好好地和豪豪说，然后也会对豪豪说："你要不要分点你的饼干给小朋友？"当小朋友们很有礼貌地问他并且自觉地排队伸出手给豪豪的时候，我变得很多余，而奇迹在这一刻很难用专业的幼儿心理学上的词汇来描述。豪豪会忙碌地开心地给每一个人轮流地发着他的饼干，一轮又一轮，直到最后，他自己吃得很少，但是他却特别的开心，那种分享的快乐让他很满足。每当这时，我都会很开心地对豪豪说："豪豪会分享食物是一件很棒的事情，妈妈很为你骄傲。有时，我还会很夸张地拥抱他、亲吻他，以鼓励他的分享行为。豪豪对这样的分享是乐不知疲的，这也让他赢得了小朋友们的喜爱，每一次只要豪豪在门口玩，都会涌出来一群小朋友，这让我也很开心。

教孩子学会分享不是一朝一夕的事情，幼儿教育需要时间和坚持。另外也要配合孩子的年龄，如果在孩子五岁前培养出他的良好心理素质和品德，那么在他未来的人生路上，你担心的事情只会越来越少。良好的基础是孩子成长的基石，一棵树只要他的根没有长歪，在以后成长的路上，仔细地修剪枝叶，这棵树一定会长成郁郁葱葱的大树。时间是关键，父母的耐心和坚持就是最好的肥料。

孩子的耐心是慢慢培养出来的

无论对于任何年纪的孩子，做任何事情时都不要让他们在失败的经历中主动放弃，这会影响他们的自信，而且对坚毅品质的打造也没好处。

孩子具有极强的探索精神，对很多事物都有好奇心，乐于去尝试，但是孩子们常常难以持之以恒，哪怕是孩子感兴趣的事情，他可能都会很快就转移注意力。我们应该如何培养孩子的耐心，让他具备坚毅的好品质呢？

所谓的耐心不够主要是体现在性子有些急躁，做事情一遇到问题就容易放弃、发火、生气。我曾经让很多孩子一起穿珠子，本为培养他们的专注力，但是对两三岁的孩子而言，穿珠子是件很乏味的事情，女孩子倒是喜欢一点，男孩子通常在一两分钟后直接放弃。

有的时候我们会发现，假如我们某一天做饭晚了，孩子又很饿，他就会不停地说：我饿了，我要吃饭。大部分孩子都没有耐心去等待一件事情。特别是三岁以下的孩子，更是缺乏耐心。遇到孩子没有耐心的时候，我们该怎么办？

第一，用自己的耐心去间接地影响他。

当孩子烦躁发火的时候，我们应该第一时间去安慰他，慢慢问他原因，通过对话来让他发泄情绪上的不满，也让我们清楚事情的状况。在对话的过程中，尽量安抚孩子的情绪，让他慢慢说，你可以在他的话语之间去重复他的话，这个时间可以让他有时间来组织他的话，也会让孩子慢慢忘记自己的气愤。如果面对不会说话的小孩，可以让他们比划来描述事情的经过，父母也可以用猜测的方式引导孩子表达出来。这个时候，你的耐心会直接影响到孩子。

第二，帮助他去克服问题。

一个人在学习的阶段总会碰到一些不顺心的问题，别说孩子，就拿我们自己来说，在学习的过程中，会不会有缺少耐心的时候？会不会有想放弃的想法呢？将心比心站在孩子的角度去想问题，在我们眼里很容易的事情却需要孩子学习一个过程的。帮助他去克服问题是必须的，但是如何去帮助他呢？是不是直接帮他把事情完成就好了呢？当然不是。帮助他可以示范或者引导他如何去解决问题，你可以把你怎么解决这个问题的方法在他面前示范一次，然后让他自己重新做这件事情，或者你可以用说的方式去教他自己动手完成。妈妈做得越少孩子学得越多。千万不要图自己方便，直接帮他把事情都做了。当孩子自己完成他之前不能做到的事情时，他就会有一种成功的感觉，这会帮助他愿意自己思考问题、解决问题，这也就加大了他做事情的耐心。

第三，问题解决之后，要赞扬他。

事情解决完了，孩子一定很高兴，这个时候，事情并没有结束，赞扬是一种很好的鼓励方式。多说一句表扬的话，或者用一个拥抱亲吻的动作来表达你对他解决这个问题之后的赞赏。任何一个人都是喜欢别人肯定自己的，只有被肯定了之后，他才会更愿意自己解决问题，这也会增强他的自信心。

我最近买了一双新的球鞋给豪豪，是卡通图样的，他很喜欢。可是那双鞋有个问题就是他自己穿的时候要花很多时间，而且还不是每次都可以成功地穿上，很多时候他就会发火，怎么都不要这双鞋。我就会问他怎么回事，他生气地说：我不喜欢这个鞋子。我拿起一只鞋子说：你不喜欢车子吗？他说：不是。我说：是不好穿吗？他坚持要把鞋子踢走。我没有阻止他这么做，让他尽情发泄，我只是坐在他身边安静地看着他。过了一会儿，他没有力气了，就坐了下来。我拿起鞋子问他：那妈妈帮你穿穿看好不好？他点点头。我就一边帮他穿，一边说你看这个鞋是要把鞋带多松几个，这样你的脚就可以进去了，对吗？每一个动作我都会做完一遍，然后让他自己重新做。最后完成了全部的过程，他的笑容立刻就出来了，还说：哦，是这样的。我故意看着他自己穿好的鞋子说：哇，豪豪自己把鞋子穿好了，真棒。我就把手伸给豪豪，说 high five。豪豪看着自己穿好的鞋子很高兴地说：豪豪自己穿的。

在遇到孩子没有耐心的时候，父母亲首先要做的就是陪伴他，通常孩子很喜欢有人一起玩，或者一起做事情，这会增加他们做事情的兴趣。我们总是比小孩懂得更多的东西，大部分父母亲只是觉得陪孩子玩玩具很无聊，所以才让孩子自己玩，要这么想，自己一个人玩玩具是很无聊的。我们要自己轻松就要想一些方法出来让孩子自己可以玩得有趣，当然最重要的还是陪伴，培养和孩子感情的首要就是陪伴他。

耐心是慢慢培养出来的，用我们的行为和耐心去影响孩子吧。

让孩子笑着面对生活吧

要让孩子明白：有负面情绪，也是正常的，要学会勇敢面对，以积极乐观的心态去处理。

自从卡耐基提出了积极乐观的心态之后，这一说法深刻影响到我们每一个人。我们都希望自己可以成为积极乐观的人。卡耐基的一些名言曾经影响着一批又一批的人，我便是其中之一。反思他的名言，我实在是觉得一个人最重要的是有一个积极乐观的心态，若是有了这么一个心态，那还有什么困难是不能克服的呢？

作为父母亲，我们希望把这种心态教育给我们的孩子。美国埃尔菲·科恩曾经写过一本书《无条件养育》，科恩是反对惩罚教育的，他认为我们对孩子的教育应该从孩子的自身出发，比如说，别的两岁的孩子能做什么，我们的孩子为什么却不能？遇到类似这样的情况，不要打击，不要批评，不要把孩子们都放在同一个起跑线上，等等。

在我看来，每一个教育学家所说的话，所给出的育儿方法，都是有一定道理的。但是是不是别人的育儿观点我们一定要全部接纳呢？至今为止，我们看到过很多育儿专家给出的很多不同的观点。其实我们应该注意的是，他的观点是否符合我的孩子？就好比科恩推行无条件的养育，反对惩罚教育。你是否觉得自己的孩子适合这种方法呢？

　　毋庸置疑，他的观点有很多值得我们学习的地方，比如我们不应该拿自己的孩子与人攀比，比如我们不应该用自己的标准管束孩子的行为，等等。

　　其一，培养孩子乐观积极的心态，应从自身出发。如果父母亲本身对事件的看法就是采取一种乐观的方式，那么孩子就会耳濡目染，这就是言传身教被广泛采用的重要一点。孩子在模仿的阶段，你怎么做，他便怎么学。

　　其二，当我们看到孩子遇到问题止步之时，不应该批评或是用负面的言语对待孩子。若想孩子积极勇敢地去面对，我们应该带领着孩子去完成这件事情，克服他心中的恐惧感。有些父母认为这是因为孩子胆子小，或者是不敢尝试失败。其实不是这样的，孩子本身有一个自我保护意识。他胆小是因为他本身对一种事物有恐惧感。我们是成年人，我们看到的和孩子看到的是不同的。不要用我们的想当然去思考孩子的行为。

　　豪豪婴儿时期非常害怕毛绒绒的玩具，他的房间几乎不摆放任何毛绒绒的东西。后来，我便把这些玩具都摆在我的房间，他远远地都能看到我带着这些东西。我先把一些小的毛绒玩具放在身边，随时带着。一段时间以后，他开始喜欢上这些小的毛绒玩具。后来他看到我经常抱着那些大狗狗睡觉，我的表情是很开心的。他就开始尝试着抱那些狗狗，有的时候，我故意不给他，他反而越发地喜欢了。现在他睡觉都是抱着这些毛绒玩具的。

　　其三，多带孩子去尝试更多的新鲜事物。想要克服孩子自身对新鲜事物的恐惧感，就应该反向教育。当你帮助他一次又一次地克服那些他曾经害怕的事物之时，他会有一个新的判断。当一个人了解了一件事物之后，还会恐惧吗？

　　"读万卷书不如行万里路""纸上得来终觉浅，绝知此事要躬行"，这是古人就已经知道的道理。美国在幼教的启蒙期，是让孩子以玩为主，让孩子在玩的过程中，接触更多事物，在现实生活中进行人生的第一课。我个人不赞成孩子过早地学习，过早承担学习上的那些负担。童年是一个孩子唯一可以快乐去玩的年龄，请不要剥夺他们的快乐。

其四，我们都知道一个很简单的道理，一个孩子的笑声代表了什么，那是一种毫无杂念的笑声。笑就是快乐！当一个孩子经常在笑的时候，他就是在体会快乐。当他开始对遇到的事情产生发笑的状态时，那就是一种正面的积极乐观的心态。当有一天他明白，笑可以让人心情舒畅，人际关系融洽，那么他就会保持这种心态。

我们喜欢让孩子笑，怎么样才能让他笑呢？打骂自然是不行的，所以我们反对对小孩的打骂教育。因为他们的身心都是在发育中，我们要考虑到他们能承受的负荷量。孩子也不可能永远都是笑的，在孩子无理取闹、需要发泄心中一些不满的时候，让孩子哭出心中的委屈，也不是什么坏事，我们要把握好一个度。多数的时候，让孩子笑着生活吧！

自信的孩子会发光

关于孩子自信心的问题，家长有不同的认识。一位妈妈反映说，她的女儿被老师评价不够自信。我问她，从哪些方面得出这个结论？她举例给我说："昨天放学去接女儿时，老师在她们教室外面挂了很多皮球，小孩子可以跳跃起来去抛球，是老师刚刚挂上去的，已经有很多小朋友在玩抛球。刚从教室里走出来的女儿很高兴，也想去玩，一路跑出来，结果走近发现人太多了，就说：妈妈，没我位子了。实际上还有一个空的球没人玩，我就说：这儿有一个，去玩吧。她站了半天，说：人太多了，不玩了。我去玩别的吧。就走了。"她问这是不是反映了孩子的自信心不够？

什么是自信心呢？自信心是一种很抽象的基本素养，如果过于自信，就会形成唯我独尊的心理。反之，自信心如果不足，就会出现意志力薄弱，容易不相信自己，很计较别人的评论等。我们总说，自信是一种从内散发出来的美，是源于一种内心的强大。

那么这位妈妈的女儿是不是没有自信心呢？我分析如下：如果说她非要挤进去玩皮球，并不能说明她有自信心，相反，没有进去玩，也不能说没有自信心。只能说她不喜欢与人争抢，性格上可能有点内向。在我看来，只有聪明的人才知道不与人争一时，同样的东西，别人在玩的时候，我先走开玩别的玩具，等那些人散了，我同样可以再去玩那个玩具，这样也就避免了不必要的矛盾。

我设计了一个游戏，让她去尝试。在孩子擅长或者喜欢的一件事情上，比如说画画、搭积木等。比如说，你画的画不好看，我不喜欢等，看孩子的反应以及接下去的做法。如果她坚持了自己，没有理睬我们的意见，那么她的自信心很好，她肯定了自己。一个人肯定并且坚持相信自己的人怎么能说没有自信心呢？相反，如果说她在受到你的批评之后，心情变差，或者把那张画丢掉，发脾气，甚至不愿意和任何人说话，这就是缺乏自信的表现，因为他对自己没有自信，才会很容易受到别人的左右。

试验之后，她女儿坚持了自己。这里又出现了一个内向和自信心的问题。内向的人未必就是不自信的，但不自信的人多会有内向的反应的。为什么这么说呢？因为不自信的人会害怕表达自己的意见，会害怕与人沟通。但是内向的人或许不喜欢与人交流，但是不代表他会否定自己的想法，她不是害怕与人沟通，也许是不屑，也许是觉得没有必要，也许是因为她喜欢倾听，等等。

如果发现孩子不够自信，怎么办？

第一，把我们的批评换成一种鼓励。

孩子在成长的道路上，必然是会犯错的。如果说孩子一犯错，我们就批评他，这是消极的教育方法，孩子的自尊很容易受到打压。自尊没有了，自信也就大大地减弱。所以，从孩子的角度出发，犯了错误，我们应该告诉他具体的错在哪里，让他自己觉悟错误。

这里有很多种方法，比如说，抢玩具，我们不说，你抢玩具就是你不对。换一种说法，你抢了他的玩具，你看他现在是不是很伤心？或者说你为什么要抢玩具呢？采用询问的渐进法让他自己去思考错误。我这里绝对不是说，犯了错误不能批评，而是批评要有技巧。孩子犯了错，最重要的不是批评，而是让他意识到自己犯了什么错。

第二，生活中多肯定他，教他学会看到自己的长处。

我坚信，这个世界上没有孩子是完美的，也没有孩子是一无是处的。每一个孩子从生下来的那一刻开始，就好像一张白纸，我们的教育就好像在这张白纸上画下图案。在生活中，孩子总有做得好、做得对、做得让人骄傲的事情，对不对？这个时候，我们要具体地肯定他，而不是简单地赞美他。因为只有具体的表扬才可以让他知道自己的长处，就不会模糊他对自己的了解。

很多人喜欢说，真棒！到底真棒在哪里？我更倾向于说，很好，比如说，我觉得你踢球踢得很好，继续加油。当孩子值得表扬的时候，我们应该把具体的事情表扬出来，让他知道原来我做这件事情是很好的。得到别人的肯定，他就会更有自信，也会增强他对这件事情的兴趣。

第三，培养孩子的独立性和自我肯定意识。

每一个人在自己完成一件事情的时候，都会有一种喜悦感，这是一种很开心的感觉，是对自己的肯定。所以多让孩子做力所能及的事情，让孩子自己体会独立做事情的快乐，享受那个过程。如果我们任何事情都帮孩子做完了，那么他根本就不知道自己能干什么，不能干什么，那又何谈对自己的肯定呢？

当孩子不能独立完成事情的时候，我们要说的是，你可以的，我相信你，而不是去帮他完成。帮的过程会让他否定自己，因为他的确没有成功，是你帮他做完的。所以当我们觉得孩子可以把事情完成时，就不要帮了，要用语言去肯定他，去教他，而不是去帮他完成。

培养自信孩子的前提是做个正面的家长，关注孩子的点滴进步，不乱给孩子贴负面标签。这些看似简单，却是我们经常忘记的。

孩子输不起怎么办

我们在国内的时候，小侄子会和豪豪一起玩。两个孩子一起玩，不免会有一些你赢我输的局面，就比如小侄子语言能力比较强，说话早，会背唐诗、唱儿歌，还会好几种地方话。豪豪在语言方面虽说不算迟，但是属于普通的那一类。但是豪豪在行动方面却略胜一筹，每次两个人打在一起，豪豪总是被我说教。

我们在美国，邻居都是比豪豪大的孩子，豪豪很难赢，确切地说输得多，除非大孩子让他。从国内回来之后，我发现豪豪曾经有这么一段时间，变得很是输不起。我们邻居家的孩子，每次看到豪豪哭就会不忍心，就哄着他让着他。

每次看到豪豪这样的表现我就会很郁闷，但是我不喜欢参与小朋友的玩闹中，类似于这样的输赢游戏我从来都是袖手旁观。当中有几次，豪豪哭跑过来对我说，妈妈我跑得不够快，我不要比了，豪豪输是肯定的，因为比赛的人都是八岁的大男孩，就算他们跑得很慢也一定快过三岁的豪豪。在我看来，这是一个对输赢的心态问题。

当别的妈妈问起这种情况，我才意识到这也许是一个普遍男孩子的输不起的心态。首先，我们应该问一问孩子，为什么输了就要哭？为什么赢了就特别高兴呢？其实这个问题，无论是孩子还是我们大人，都是一样的回答。输了伤心是必然的，赢了有优越感也是正常的。

那为什么这么小的孩子也会有这样的心态呢？

第一，批评和表扬不成正比。

我们的父母亲辈喜欢用批评的方式来教育我们，到了我们这一代又开始推崇表扬鼓励的方式。孩子无论做了什么事情，批评和表扬都应该是以真实的情况给予评价，否则会引发孩子内心的自我膨胀。输不起的孩子通常就是受到的表扬太多，而且表扬是不具形式的，比如说，当孩子做好了一件事情，周围的人就会说，好棒！

所以首先要杜绝空泛的表扬，比如说，孩子歌唱得好，我们应该说你歌唱得很好，妈妈喜欢。而不是说，好棒，你真棒！要对孩子错误的事情进行正确的批评。比如说，孩子抢了别人的东西，有些孩子的父母会说，那没有关系给他玩好了。我们作为孩子的父母就算听到别人孩子父母友善的话语，也应该坚持原则，告诉孩子抢别人的东西是不对的，应该还给别人。

第二，身边的人做了坏的示范。

很多时候，特别在我们心情不好的时候，面对孩子的问题，我们是否会用最简单的暴力方式来解决问题呢？毫无疑问，你的暴力和言语的攻击一定是制服了他。虽然说压制孩子可以起到短暂性解决问题，但是却会给孩子的心理以及行为造成很多也许一辈子都难以改变的印象。

孩子在模仿和学习的阶段，如果你这么做了，那么孩子也会这么做，因为你觉得这个方法能解决他的问题，那么他也认为这个方法可以解决他和别的孩子的问题。所以在我们遇到孩子问题的时候，不要以负面的言语来说孩子。比如说，孩子没有得到别人的玩具，我们切不可说，他的玩具不好玩，他不给你玩，你也不要给他玩，等等。我们应该说，那是别人的玩具，他不想分享我们也只能接受，对不对？我们应该尊重别人的意愿，是不是？如果你有玩具也不想给别人玩，你愿意别人来抢吗？

第三，少了带孩子见识世界的机会。

我们都知道，世界之大无奇不有。一个孩子输不起，就是他认为他的世界里只有他最大，没有见识到世界上更多的高人。加上周围的人都宠他惯他，让他觉得他是最棒的，他就应该是第一名。这个世界上没有永恒的第一名，就连奥运冠军也只能是短暂的辉煌，记录总有被洗刷的一天。多带孩子经历一些事情就会减少他这种唯我独尊的感觉。

豪豪每次跑输了哭的时候，我从不主动过去劝说，因为在我看来，让他自己承受后果比我说些无关痛痒的话更有用。有的时候，他会哭着跑过来，我就会说，哦，输了，没关系，下次你就跑得更快一点就好了，对不对？我们希望孩子用自己的方式来应对自己的心理问题，而我们就是以正面积极的话语辅助孩子应对。

之前在美国时，我并没有发现豪豪有这种心态，他以前输了就输了，不会哭也不会闹。后来我发现回国后之所以会有这种心态，一来是大人太多，周围的邻居也总觉得豪豪这样厉害那样厉害的,特别对混血儿有着一种特别的关爱，这些让他洋洋得意了起来。表扬听得多就会让小心脏不小心地膨胀了起来。回到美国后，经历点事情就会有输不起的感觉。不过这种现象也仅仅维持了三四次，在我的不理不睬之后，他现在又输得起了，跑输了也还会继续比赛。

只要我们用真实的鼓励对待孩子，接纳和倾听孩子的情绪，面对输赢，孩子也会逐渐生发自然而健康的态度，多一份来自内心的勇气和力量。

输也好，赢也好，其实都是孩子的人生财富。

改变孩子火爆脾气有方法

研究表明,孩子有效应对各种情绪的能力,是他今后学习、工作和人际交往中很关键的因素,这种能力不是天生的,而是需要后天习得的,而父母毫无疑问就是孩子学习这项能力的第一任老师。

总是听到身边很多朋友对我抱怨说,孩子的脾气不好。在我眼里,孩子在一切都未长成熟之前,还是有着很多的可塑空间。可以说退回到十年前,幼儿教育都未必如今这般的重视。原因很明显,孩子在自我发展还未成熟的时候,身边陪伴他的人是可以帮助他改变一些性格。一个人的性格除了基因的遗传之外,就是后天的培养。

我们可以观察到,如果家中的长辈有脾气暴躁者,孩子也会随着脾气不好,这就是我们所说的言传身教。孩子在五岁之前,天生有着极强的模仿能力。所以我们也可以感受到孩子的性子大多随了那个陪伴他长大的人。

孩子两岁的时候,因为不善于表达有时会很急躁。如果两岁的时候,我们忽略或者过分地担心孩子的行为举止,都会给他带来不同的心理压力,也会同样地影响到他今后对事情的不同看法和做法。如果在孩子两岁的时候,身边的人用暴力的方法对待他,孩子就会用同样的方法待你,之后随着年龄的成长而加剧。

很多人都会发现孩子在两岁的时候总喜欢反着来，到了三岁的时候会大喊大叫，到四岁的时候会出现脾气暴躁、丢扔东西等让父母头疼的行为。

面对脾气暴躁的孩子，我们应该怎么做呢？

第一，让孩子自己发泄。

当孩子发脾气的时候，我们应该允许孩子有发泄的途径。尽量在适当情况下，让他发泄。如果可以走开就走开，如果在公众场合就安静地陪伴在他身边。他可以哭，可以闹，可以撒娇，可以赖皮，等等，只要他不会伤害别人或者伤害自己。发泄过后，他自然会忘记那件事，孩子心思单纯，他们会忘却得更快。

第二，探明原因，帮助他解决问题。

如果说孩子因为穿不上鞋子而发火的时候，我们要等他安静之后，主动上前询问，帮助他查明原因。告诉他怎么处理类似这样的问题。试问，如果你因为某一件事情而脾气不好的时候，最想得到的是不是解决问题呢？一旦解决了问题，那么发火的源头就没有了。所以我一直都说，对待孩子要教导他，而不是帮他。越帮他做事情，他就会越发地依赖他人，当自己遇到问题的时候就只会发脾气了。这也是造成孩子脾气大的一个原因。

第三，平日里的音乐理疗。

我想现在大部分父母都已经知道音乐对一个人的情绪有着很大的影响。舒缓的轻音乐让人心情放松，热情的舞曲让人高兴，等等。孩子应该每天都听有助于提高快乐度的音乐，这样可以增强孩子的快乐感。曾经有过这么一个调查，发现在经常欣赏古典音乐的家庭里，人与人之间的关系相处得和睦，经常欣赏浪漫派音乐的人，性格开朗，思想活跃，所以正确地选择音乐会在不知不觉中帮助孩子改善脾气。

从某种意义上来说，父母的情绪平和，是对孩子最好的教育，努力做个能把握好自己情绪的父母，学会倾听，学会共情，读懂孩子，让孩子慢慢地去认识，给孩子足够的时间去学习、去成长。

懂事的孩子是怎么炼就的

在孩子心里，没有三六九等，更不会有尊卑贵贱之分。每一个人从初生婴儿呱呱落地，随着时间的推移慢慢地成长起来。时间对每一个人都很公平，有些孩子调皮，有些孩子害羞，有些孩子总是惹祸，有些孩子目无尊长，每一个孩子都有自己的成长经历，都会谱写出一段不同的人生。而这些都源于孩子身边的教育者，生长环境和教育方式决定孩子的人生轨迹。

有时候，我们会看着别的孩子而感慨，为什么别人家的孩子就这么懂事呢？懂事的孩子和听话的孩子还是不同的，我们不希望自己的孩子太听话，但是我们愿意我们的孩子是懂事的。懂事的孩子也会调皮，也会闯祸。

有一个朋友曾经说过一句话，我琢磨了很久。他说："我喜欢我的孩子调皮，不会墨守成规，不用太听话。我觉得这样没有什么不好。"当时，我对他的孩子认识不深，同意他说的话。之后，也慢慢地熟识了他的孩子，我慢慢地明白了，他误解了听话和懂事之间的差别。是的，我们都希望我们的孩子有独立性，有思考能力，不用太听话。

但是他的孩子喜欢拿别人的东西当成自己的，这不是调皮，这是没有礼貌；他会对他人的善意提醒大发脾气，这不是有主意，而是霸道；他会随意不敲门走进别人家，把别人家当自己家，这不是独立性强，这是不懂什么叫尊重。也难怪当时他还说了一句，他说："我不明白为什么别人都不喜欢我家孩子，孩子本来就是调皮的，有什么不好呢？"我后来想起来这句话，就明白了，他曲解了懂事和听话的的含义。

懂事的孩子是难能可贵的，懂事的孩子是我们都渴望养成的。

其一，尊重 = 理解 ≠ 溺爱。

我们说尊重孩子是尊重孩子的意愿，理解孩子的想法，然后帮孩子理解判断，而非一味地听孩子的，孩子想怎样就怎样，那不叫尊重，那叫溺爱。我们给予孩子的尊重，孩子会学习到之后回馈给我们。如果孩子不懂得尊重，而是通过撒娇撒泼得到自己想要的，那么我们无形中就失去了孩子对我们的尊重。真正的尊重应该是理解并且帮孩子分析事情，然后引导孩子做出正确的选择。

其二，诚信 = 承诺 + 坚持。

父母对孩子的诚信是培养孩子好品质的根本。承诺就是父母要做到言出必行，即使你答应了给孩子吃颗糖，即使是临睡前你答应的事情，你给出的承诺应该是无条件地去兑现。给一个承诺很容易，有些父母喜欢用临时的承诺来骗取孩子的一时听话，而忽略了随口而起的承诺背后的意义。最难的还是那份坚持，每一个承诺的坚持其实是一种习惯。无论是怎样的承诺，对孩子而言，都是父母获取孩子信任的一种方式。所以我们要坚持信守好每一份承诺。

其三，坦诚 = 事实 ≠ 残忍。

有人觉得孩子小，对一些问题就不知道怎么回答，比如亲人过世了，他们会不知道怎么解释，干脆就避开这个问题。其实任何问题，只要婉转地把事实真相陈述出来，就是最好的答案。孩子并不如我们想象中的脆弱。再比如性教育，大人总觉得很尴尬，不知道该怎么说。事实怎么样就怎么说呀，只要你说得严肃解释得合理，孩子很快就可以理解。在问题面前，越是想着是不是对孩子不好就逃避事情的真相，反而对孩子没有帮助。相反，如果孩子知道了真相，就会学习思考，就会学会坦诚，就会学到理解。

其四，规矩 = 自律 ≠ 霸道。

生活在社会中，有法律的制约，有道德的规范。每一个人从小就应该被教育一些公共规则，一些关于礼节的规矩，一些关于人与人和平相处的规矩，等等。在培养孩子的生活习惯方面，我们会给孩子定下一些规矩，比如不能随意拿别人的东西，不能打人，吃饭的时候不能玩玩具等。这些规矩的教育并不是说父母有多强势多霸道，什么都不可以让孩子做。这些规矩其实是为了让孩子学习自律，学习分辨是非，学习为人处世。一个人生活在社会中，怎能少了自律呢？

其五，放手＝独立≠无爱。

对孩子的爱绝不是包办到底，很多父母心疼孩子，孩子的任何事情都恨不得自己能够一手包办，于是孩子成为了一个衣来伸手饭来张口的主。一个没有独立性的人又怎么能体会做事情的辛劳，又怎么能够站在别人的立场想问题呢？因为所有的事情他都没有动手过，又怎么会知道动手的那个感觉呢？放手是目前大部分父母最难克服的，可偏偏是所有父母都应该做到的。没有放手，孩子就不会独立，没有了独立性，孩子就会变成寄生虫。

其六，教育＝行动＋方法≠乱发脾气。

我经常听到一些父母对孩子说"我和你说不可以打人，你怎么又打人呢？"，等等。语言上的教育永远不会让孩子有切身体会，所以常常会当成耳边风抛之脑后。与其苦口婆心地劝说孩子不要打人，不如用一些实际行动来制止同类的事情发生。教育其实很讲方法，就算惩罚也可以很巧妙。就比如我看过一篇文章，孩子成绩不好，父亲没有动怒惩罚他，而是和孩子约定要考零分回来，他就可以满足孩子以后不上学的愿望。结果这个孩子非但没有考零分，反而成绩越来越好。从孩子的角度去选择教育的方法总是最有效的。

懂事的孩子应该是什么样子的？我想，应该是善理人意，有自己独立的判断能力，有较强的适应性和严谨的自律性，喜欢帮助他人等。也许你还会说懂事的前提还是首先要有孝道，其实一个兼具这些性格的人怎么会不懂孝顺呢？

赋予孩子一定责任，胜过给孩子提要求

培养孩子自信心和责任感有一个好办法，赋予他们一定的责任。大多数孩子都习惯了父母亲的照顾，总是在遇到问题的时候，第一个想到的就是叫爸爸妈妈帮忙，而不是想着该如何解决。孩子玩完了玩具或者做了什么事情，总喜欢杂乱摊在那里，等着大人去帮忙收拾。他们习惯了这种有求必应的生活模式，长此以往就渐渐丧失了他们的责任心。

一直以来，我都习惯放手让豪豪自力更生，让他学习对自己负责。我严格要求他要养成对自己负责的习惯。但是最近发生的一件事情，让我看到了责任心培养的重要性以及我对他责任心培养的不足。

事情的起因从我们种菜开始。入春的时候，我计划在家后院种上一些蔬菜。一来是为了让他观察植物的生长经过，二来可以培养他照顾植物的耐心和责任心，三来我们也可以有一些有机的蔬菜吃。我带着他去买肥料、泥土以及所需的工具。

从清理后院的杂草到混合泥土和肥料，豪豪都在我身边转悠，实际上大部分工作都是我在完成。于是，我特别买了两个小花盆，交给他一些任务，完全由他自己打理。开始的时候，他很好奇也很乐意劳作，自己播种自己浇水玩得不亦乐乎。渐渐地，他失去了耐心，种子埋入土里，等了几天还不见有动静，

他开始遗忘他的小花盆。我提醒他，每天一定要给小花盆浇水和晒太阳。只有在我每天打理蔬果时，他看到了才会跑来照顾。后来，我换了一个方法，直接交给他一个任务，就是每天早上给蔬菜浇水，晚上我负责。几乎每天起床后的第一件事情就是提醒他去给蔬菜浇水，日日如此。

我问他，这是我们俩约定好的日常工作，你负责早上的浇水，我负责晚上的。你应该知道这是一份你的家庭工作，就应该自觉地完成，而不是给妈妈增加一个提醒你的工作。他回答我，为什么要每天给蔬菜浇水呀？不浇水也可以呀？我说，蔬菜和人一样每天要喝足够的水，妈妈一天不给你喝水可以吗？他想了想说，那不可以。我接着说，对呀，既然你不可以一天没水喝，那蔬菜也是一样，每天都要喝水，你要是不给它们喝水，它们就不会长大。道理讲完了，现在他也进步了很多，每天早上起床就会主动跑去后院先浇水再回来吃早饭。

在种菜的几个月里，我意识到孩子的责任心培养有多重要。孩子的责任心就好像一棵树，需要每天浇灌它，好好照顾它才能茁壮成长。

培养孩子的责任心，每天让孩子做到三件日常小事情。

第一，饭后自己收拾自己的碗筷，清理桌面。

孩子三岁就有能力自己吃饭，并且在吃完饭后可以收拾自己的餐具放入厨房。再大一点，四岁就可以教孩子帮忙清理饭后的桌面。以后，这个清理台面的事情就可以直接交给孩子完成。吃饭是每个家庭每天都在重复的事情，理应让孩子承担起他应承担的任务。自己吃的碗筷本来就该自己收拾到厨房以方便统一洗碗，孩子不是到点了吃饭，吃完饭就撒手走人。大家都是家里的成员，工作本来就应该分工完成，孩子不能因为自己小就可以免责。仅仅这么一个习惯的培养就可以让孩子习惯性思考如何照顾他人的感受，什么是家庭责任感。

第二，送给孩子一样有生命的礼物，交给他照顾。

比如一盆花或者一个小动物。花和动物都是有生命的，需要我们的照顾才能更好地生存。小孩子喜爱植物和动物，但往往会忽略对它们的照顾，持之以恒地照顾是孩子的弱点。我们可以每天提醒孩子，但绝不能插手帮忙，那就会失去教育的意义。照顾花草除了要找出花草需要的养分是什么，包括每天可以晒几个小时的太阳，要浇多少水，要怎么捉虫，等等。照顾一个小动物就会更需要孩子的耐心付出。当然我知道教孩子照顾小动物会给大人增添很多麻烦，所以从爱动物的角度出发，尽量找一些容易照顾的动物，比如乌龟或者金鱼等。

第三，孩子的日常生活事情让孩子全权做主。

从穿衣到刷牙，从收拾玩具到书本，这些日常常做的事情，尽量让孩子自己去完成。他有选择穿什么衣服的权利，当然他必须自己穿衣服。他可以选择刷牙用的牙刷，选择所用的牙膏，但是他必须自己坚持每天刷牙。他可以选择他要玩什么玩具，甚至玩得别出心裁，但是他要自己拿出来然后自己放回去。他可以选择他想听什么故事，也可以选择自己看故事书，但是他必须听完讲完看完后都要自己把书放回原来的地方。他可以选择穿哪双鞋，前提是他必须自己负责穿上鞋子。孩子自己的事情都尽量让孩子自己做主，自己去做，大人给予意见，孩子可以选择听与不听，但是后果必须自己承担。比如说冬天穿短袖，那么出门冷了就自己忍着。

开始训练的时候，都会有各种各样的困难，做父母的只有坚持耐心地教导才能培养出孩子的好习惯和责任心。

从小培养孩子的团队合作精神

当中国孩子在追逐着认字神童和数理化天才之时，美国的孩子却在球场上奔跑嬉戏。美国人到底有多重视运动？豪豪一岁的时候，就已经让豪爸抱着跑到了棒球比赛现场，亲身感受棒球运动带来的热烈气氛。三岁那年，他开始参加城市孩童棒球训练。四岁，他进入我们当地的棒球运动队，开始了正规的棒球训练。美国为孩子创造了各种各样的兴趣班，但是大多是私人开办的兴趣课。唯独运动项目，例如棒球、足球、篮球、橄榄球等这类团队运动项目是由政府补助成立各种俱乐部。每一个运动俱乐部，除了主要的几名工作人员负责安排日程和分配工作，其余的工作全部由爱好此运动的父母亲做自愿者完成。

我曾经很不能理解，这是把运动作为主要学习的项目吗？那么文化课怎么办？我一度很不喜欢美国上学的时间安排。豪豪的学前班每天就上三个小时。小学也是到两点半就放学了，那么剩下的那些时间都干什么呢？众所周知，美国学校的作业少得可怜。我问豪爸："白天那么长，剩下的时间怎么安排呀？"豪爸随口答道："打棒球呀。"我着急地说："棒球只能作为业余的一个兴趣，总不能当成一个任务，每天都要训练吧？我们又不是参加国家队。"这下，豪爸傻眼了："不明白，为什么要参加国家队比赛的人才需要每天训练呢？"我想想也是，可是我还是有点固执地说："那也不能把大好的时光都浪费在打球上呀，孩子这个年龄还是要以学习为主呢？"豪爸问我："难道你认为孩子学习棒球就只是玩吗？"

我想我真的误会了，美国人对孩子的培养，更注重的是团队精神。就好比美国的公司宁可选择一个诚实合作能力强的员工，也不会要一个学历高成绩好却有个人主义倾向的人。美国的教育更趋向于培养孩子的情商以及集体合作精神。而在美国风靡的球类运动中，都必须有团队合作精神才可以拿到胜利。所以，美国人认为，运动才是寓教于乐的最好教育方式。

五岁那年，豪豪参加了足球的 summer camp。豪豪之前上过一些足球的室内班，教练评价他很适合踢前锋。他自己也很喜欢站在前锋的位置等待着队友的传球。刚上 summer camp 的时候，我发现他一如既往地站在前锋的位置等待着队友的传球，教练就会说，每一个队员都跑起来，要做好配合。教练会点名每一个孩子的名字，过去那边，传给某某某，停住球，传给后面的远射。豪豪跟着教练的指示东奔西跑，有时候连一个射球入门的机会都没有，大部分时候都在给队友制造机会射球，他一会儿跑这里，一会儿跑那里。每一场比赛下来，我看到他全身都湿淋淋的。我心疼地递水给他，他一边接着水，一边露出大大的笑容，高兴地告诉我："我们队 1 比 0 赢了。"我再也没有听到他说："我踢进球了，我赢了。"取而代之的是："我们赢了，我们的配合是不是很棒？"

有时候，他们队输了，我以为他会很沮丧，想不到他却说："今天，我跑得不够快，让德国队抢了球。妈妈，明天我要多吃点，就会有力气跑得更快了，对吗？"我很惊讶于豪豪的这些改变，这只是踢球而已呀。而我让他踢球的初衷只不过是因为他喜欢，我喜欢看到他笑。但是我没有想到，在踢球的玩乐背后，这些比赛的规则已经教育了他。这个意外收获让我重新思考美国人为何热衷于从小培养孩子的运动能力。

从小，豪豪就很喜欢棒球，豪爸就会自愿担当豪豪棒球队的主教练。我和棒球队的家长都会充当粉丝和啦啦队，坐在棒球场的围观席上呐喊助威。有一次，豪爸在和对方的教练在商量事情，到了热身运动的时间，一个妈妈对我说：

"你看你们家豪豪在领着小朋友做热身运动呢！"豪豪的小队友们还真的很听话地跟着豪豪的口令，在球场边整齐地做着准备运动。后来，我问豪豪："你怎么想到领小朋友做准备运动呀？"豪豪很随意地答道："我看爸爸没有空，就领着小朋友先做起。"他似乎没有想到这件事情有什么大不了，只是觉得每天看着爸爸都这么做，他就很自然地模仿了起来。最难的是，同一队的孩子们也没有意见。豪豪可是队伍中最小的一名队员。

在团队运动中，孩子们已经没有了年龄的计较，没有了身高的摩擦，因为他们在日常的训练中，已经明白了团队运动是一个集体运动，只有大家共同的成绩好才能称之为赢。就算是你一个人打得再好，赢得的分数也少得可怜，只有大家合作才能让整个队赢，那才是真正的赢家。

有一些教育的话未必一定要说出口，在运动比赛中，每一个孩子都必须遵守运动场上的规则，如果你不遵守规则，就只有请你出去或者坐在观众席上，因为整个比赛不会因为你一个人而取消。豪豪是一个调皮的孩子，虽说他打棒球的能力不错，还总是受到家长们羡慕的表扬。有段时间，他似乎很骄傲，总是不满意同队友的棒球技术，总想着要赢对方，就会和队友产生一些口角。我和豪爸都意识到，这是豪豪骄傲的表现。我们尝试在聊天的过程中，让他明白这么做只会让他失去别人对他的尊重，但是聊天的效果并不明显。直到去年的一次比赛，豪豪因为同样的问题和小队友产生了摩擦，被豪爸停赛，只能坐在运动员席上观看，并且不能发出噪音。当时的他，我至今记得就好像失去控制的火车头，大哭并且在运动员席位上到处破坏。为了不影响比赛，我只能强行带着他去车上，让他发泄到冷静。在我的安慰下，他逐渐冷静了下来，主动跑去运动场和豪爸及那个小朋友认错。他对豪爸说："我想重新参加比赛。"豪爸一边接受他的道歉，一边告诉他："今天，你被停赛了，就没有机会再参加比赛了。明天你可以参加比赛。"豪豪伤心地跑回车上，坐在位置上，暗自流泪。这一次他没有大发脾气，而是默默地流泪。晚饭的时候，他问豪爸："爸爸，为什么你今天不让我回去比赛呢？"豪爸说："停赛的意思就是这一场比赛你出局了。出局就是取消你这一场比赛的资格。如果你不想被停赛，就要控制你的行为。你今天的表现真的太糟糕了，你知道吗？爸爸很难过。爸爸知道你知错了，但是在比赛场上，规矩就是规矩。"

豪豪到底有没有明白这当中深奥的道理，我不是很清楚，但是从那次之后，他和队友间再也没有矛盾，也再也没有发生过同类的事情。相反，他开始充当豪爸的小助手，调配小朋友们的出场秩序，每次小队友击球回来，他都会对小朋友说："你做得很棒。"虽然他从来没有和我说过什么，但是我知道他已经意识到自己的骄傲让他犯了一个很大的错误，他用行动来改正自己的缺点。

美国人从小就很重视培养孩子的团队运动，政府也在这些方面给予大力的支持。这并不仅仅是培养孩子的运动能力，更多的是培养孩子的情商，孩子从小就深种下团队合作的精神。在不断的比赛训练中，通过比赛的各种规则让孩子体会到该怎么适应团队生活，该如何与人相处，要怎么配合才能做到真正的赢家。

豪豪是棒球队中年龄最小的一名成员。开始的时候，我担心过，怕他因为年龄的原因而和大朋友们处不来。我会担心他是否因为年龄的原因而调皮捣蛋，不跟从棒球比赛的规则。但是，相反，他的表现反而越来越像那些成熟的大孩子。棒球比赛开始的时候，他会对每一个队友说，加油。队友击球好的时候，他会说："你打得真漂亮。"队友打得不好的时候，他也会说："我们一起加油。"第一次我听到他说这些话的时候，感觉自己是不是耳朵出了问题。同时我也看到那个大朋友愣在那里几秒，赶紧也拍拍他的肩膀说："你也很棒。"从那一刻，我想到了，这或许就是孩子更善于模仿的优势吧。当大孩子们都这么做的时候，他也会不自觉地模仿，规范起自己的行为。

带孩子餐厅吃饭的大学问

近来婆婆的身体状态并不是很好，已经不能下厨做饭，于是我们整个冬假几乎都泡在各个餐厅里。豪豪渐渐大了，更是喜欢自己做主。看着他拿着菜单仔细阅读时，和服务员轻声说笑时都让我觉得有一种自己老了对他不再那么重要的感觉。老实说，这种感觉是复杂的，既盼着他健康地长大，又害怕他成长得太快，而我失去了被他依赖的那种自豪感。

很明显，我正在被他一点一点地"抛弃"，已经感觉到了不被他需要的那份失落。时间过得真是快，似乎是眨眼的时光，而他已经从跟在我后面一步也不肯离开的小家伙变成了会与我争执，会固执地做自己的"男子汉"。原本总是豪爸喜欢带着他去餐厅吃饭，而我不是那么喜欢外面食物的味精，当然更是不喜欢经常吃美国食物。在这次冬假之前，我也有一阵子没有和他们父子一起出去吃饭了。

隔了一段时间再次和豪豪在餐厅吃饭，带给我不少惊喜。现在很多美国餐厅会在菜单上标注每道菜的卡路里含量，还有成分，比如有没有咖啡因之类。当我们入座之后，豪豪很熟练地接过菜单，自顾自地看着菜单，然后熟练地做着选择。我问他想吃什么？要不要和妈妈分享？他一脸的不情愿，豪爸对我说："不要管他了，他会照顾自己。"

放下菜单，他告诉我，他选了一个卡路里最低的餐点，还有很多蔬菜，饮料里面也没有咖啡因。并且很认真地拿着菜单告诉我怎么对比价格和食物。他很清楚我的担忧，所以先入为主地教育我。很明显他清楚什么是健康食物，并且找到了让我闭嘴的最佳方法。

以前一直觉得去餐厅吃饭属于偶尔的行为，加上以前豪豪小的时候每次出去吃饭都是一件麻烦事。现在看来，带孩子去餐厅吃饭也有大学问，不知道你们是否注意过？

其一，让孩子自己学会看菜单。

菜单看着简单，其实里面包含了文字和数字的学习，每一道菜的组成成分都会让孩子更加地了解那份菜，也会遇到很多平常我们不常用的生僻单词。而且在不同的餐厅会有不同的菜单制作，甚至很多不同风味的餐厅还会有很地道的一些单字，这些都有帮助孩子熟悉更多不同文化的差异。毕竟每一个餐厅因为想体现的风味不同，也就会有自己的特色，这也是一种不错的文化体验。

除了文字，菜单的价格也可以帮助数学刚起步的孩子更好地理解数学。数学在生活中最大的作用莫过于金钱的计算。当数字和金钱挂钩的时候，就不仅仅是加减法这般简单。要会估算这盘菜的价值，这盘菜的价值不仅仅和金钱挂钩，还会和味道以及我们喜爱的程度挂钩，这也就有了性价比一说。

当我们结束用餐时，和孩子关于食物的一番对话就可以让孩了解性价比的意义。我通常会问他几个简单的问题，这份食物好吃吗？它的份量能让你吃饱吗？你觉得它应该是怎么做出来的？如果你做这份食物能卖多少钱？这次你消费了多少钱？我会很随意地问一问，然后装作很随意地告诉他该怎么制作。大部分时候他都很好奇想知道得更多，很多时候他还会去问服务员，和服务员聊上一小会儿。

其二，餐厅礼仪的学习。

不同地方的餐厅都会有自己的餐厅礼仪，在外吃饭绝不像在家里那样随便。享受别人的服务，也需要礼貌地应对。即便是我们自己都会表现出一定的绅士和淑女的风度，孩子的耳濡目染也会让他们很自觉地遵守餐厅的规矩，学习到用餐的礼仪。这在国外的餐厅尤其显得重要。即便是美国的中餐厅，我也极少看到小孩子在餐厅到处乱跑的现象。

其三，让孩子了解一下食物的制作过程，及尝试玩一点品尝味道的小游戏。

不做饭的人永远不会知道每一道菜倾注了厨师的多少心血，在餐厅吃饭正是一个极好的机会让孩子了解一下做菜的流程，甚至很多餐厅都可以看到制作过程，比如pizza店有很多都是敞开式的，孩子的好奇心比较重，这样的过程都会引起他们的兴趣。在了解食物工艺过程之后会更加地想品尝味道。这时候也可以和孩子玩品尝味道的小游戏，尝试在不同的食物中吃出哪些是辅助的佐料，哪个味道最让他喜爱。

其四，吃饭的过程是一家人愉悦交谈的过程。

餐厅里不能大声喧哗，即便是我们习惯了在家大声说话，到了餐厅多少都会注意。加上孩子不能随意地在餐厅玩，也就只能和我们大人一起聊天一起享受美食，整个过程是轻松愉快的。这对养成良好的用餐习惯会有一些帮助。加上在餐厅吃饭，"低头党"的父母亲们也可以顾及一下自己的形象而放弃自己低头看手机的习惯，这对孩子无疑是开心的一刻。

偶尔带孩子去餐厅吃饭，无论是选择餐厅或者在点餐上都可以让孩子自主选择，一家人开心地出去吃一顿饭。如今，即便大家都害怕外面的食物有一定的危害成分，也依然会带孩子去餐厅。既然要去，就适当地做出一些改变，让孩子借机学习到一些课本上没有的知识，岂不更好？

第二章
培养孩子的学习能力有多重要

在我们谈论孩子的时候,唯一不可替代的是父母,父母如果没有做好改变的准备,任何你试图想要去做的改变,都只有可能是徒劳无功的。

督促孩子，不如培养孩子的专注力

我们总是用"努力"这一标准来要求孩子，但常常却忽视了，效率才是制胜的关键，真正决定孩子成绩或是未来发展的，是专注力的获得与培养。

豪豪还是婴儿的时候，我从来没有注意过这个方面，属于有点后知后觉。豪豪刚到两岁的时候，很喜欢棒球，每次都可以玩上一个小时，我曾一度觉得豪豪的专注力很好，不需要怎么锻炼。当豪豪三岁的时候，玩的运动和玩具都多了起来，慢慢地我发现他就连看电视也看不住，虽然他不喜欢关电视机，但是只要看了半个小时之后，他就会开始去找一些别的玩具玩，我就一直在想豪豪是不是也应该锻炼一下他的专注力了。

我的很多朋友，他们的孩子只要有乐高玩，就可以一坐一个下午。我自己也是属于很爱拼图游戏的人，每次和豪豪玩拼图，他就是三分钟热度就坐不住了。曾经很多幼师的朋友也告诉我是因为孩子的年龄没有到，但是豪豪连最爱的棒球现在最多也是打半个小时就去玩别的东西了。我在想是不是太多的游戏让他有些分心了？

无论什么原因都好，我都觉得为了孩子以后可以更好地读书，还是应该训练一下他的专注力。蒙式教育的方法中有很多都可以锻炼孩子的专注力，我就是把这些方法运用到我们的日常生活中的。

注意力要从小培养，从婴儿时期开始，喝奶要培养孩子自己拿奶瓶喝奶，尽量不要在孩子喝奶的时间去和他讲话或者逗乐。让孩子专心喝奶就是锻炼专注力的第一步。

通过设置游戏来锻炼孩子的注意力。在外面的草地上或者家中的地上，画上一些线条，或者一个圈，总之用线条拼出一个图案，让孩子走在线条上，就好像模特儿在锻炼走路时候一样，小孩子不用这么严格，只要走在线上就好，这也是一种游戏。实践证明，小小孩很喜欢玩这个游戏。既有挑战性，又可以锻炼专注力，也算是一举两得。

通过玩玩具培养孩子的注意力。每一次陪孩子玩玩具的时候，一次一个玩具，每一次尽量保持五分钟，随着孩子年龄的增长，玩玩具的时间也要不断地加长。注意观察孩子对玩具的兴趣，实在没有什么兴趣的玩具，要及时停止，让孩子自己收拾玩具之后再去玩另一个玩具。

美国有一种玩具，是用一些卡通的人物做成一块块的板子，然后在板子上钻很多洞，让孩子用绳子在那些洞上穿出各种各样的花样，就好像穿绑带的鞋子一样。很多小朋友都很有兴趣去玩，却坚持不了几分钟，这就要靠大人的带动了，这也是很好的加强专注力的运动。

最简单的方法是用几个不同大小的杯子装一些水，让孩子在几个杯子中间，把水倒来倒去，要求是不可以把水倒出来。这个游戏不仅可以让孩子有兴趣去做，而且还会开发孩子的想象空间。要把水不洒出来，也需要专注力的把握。

此外，还可以让孩子学习一点乐器方面的知识。音乐很容易吸引孩子的注意力，常听音乐的孩子，情商也会比较好一点。学习乐器倒不是为了把孩子培养成音乐家，而是让孩子去琢磨乐器的神奇。要用乐器去锻炼孩子的专注力，首先要记住一次只能是一种乐器，帮助他加长对乐器的感兴趣时间，他琢磨的时间越长，他的专注力就会变得越好。

生活中锻炼孩子专注力的方法很多，关键还是在我们父母亲身上，能不能很好地帮助孩子去培养专注力，不断挖掘孩子专注的领域，并让他们感受到，专注于一件事时获得的成就感和愉悦感。

　　有专注力的孩子，就像获得了生命中的法宝，无论在未来的学习还是工作中，都能受益无穷。

培养孩子的想象力，请开启你的自由模式

想象力就好像是梦想的翅膀，没有梦想的生活是枯燥乏味的，想象力在生活中不仅提供了创造的源泉，还会带给人生一种美好的感觉。

很多父母会觉得孩子的某些行为不可思议，其实这些都是孩子的心声，这些都是他们美好的想象力。随着年龄的增大，要保留这份纯真可以说是很难的。遇到过有父母问说，既想把孩子教导得守礼，又同时希望孩子能灵活变通，不被人欺负，这个似乎有些矛盾。其实这两者根本上来说是不冲突的，守礼，守的是道德的行为规范，人是在一定的规范下生活的，而生活中的灵活变通靠的是知识和智慧。

孩子具有丰富的想象力，我们大人也不希望孩子失去想象力，但很多时候，我们并不知道该怎样保护和培养孩子的想象力。其实最简单也最有效的方法就在日常生活中，一些很小又很常见的东西都是小朋友最有趣的游戏工具，这些工具的不同用法会带给孩子很多不一样的想象力。

1. 硬币

硬币可以说家家都有，硬币除了可以灌输给小朋友理财的概念，更重要的是，世界上有很多东西最基本的形状就是圆形。硬币的多种玩法，可以让孩子看到同一种东西延伸出的不同造型。你试过教孩子用硬币画出不一样大小的月

亮吗？你试过用硬币做鬼脸吗？你试过让孩子观察硬币的旋转舞姿吗？你又是否试过两个硬币也可以堆出雪人呢？还有硬币的临摹、刻印，等等。硬币的价值对孩子来说，绝对不是一个面值这么简单。

2. 调羹

豪豪有一天对我说："妈妈，你看我的飞机。"我看到他拿着两个调羹，把调羹的头叠在一起抓着，调羹的两头就好像机翼一样，他正抓着在房间里跑动着，忽上忽下，忽左忽右。那可不就是飞机吗？他的这一举动带出了我的好奇心。于是，我和豪豪一起制作了很多关于调羹的小游戏。我们用两个调羹一根皮筋制成了简单的打击乐器，也用调羹来翻跟斗比赛，还用调羹玩天平的游戏，等等。

3. 牛皮筋

买菜的时候总会有一些牛皮筋扎着口袋，以前我都会随手放在一个地方，方便有的时候或许会用到。随着豪豪的长大，我们经常拿着这些牛皮筋玩，从简单的玩射击到玩扎东西做一些玩具。后来，我们渐渐地发现牛皮筋还有着很多的功能。豪豪的动手能力在逐步提高，他用牛皮筋来修理断裂的玩具吉他，他还会玩出一些让我觉得很新鲜的玩法。就比如他曾经用牛皮筋绑住一个球和一个树枝，然后把树枝插在装满水的浴缸的下水道，然后洋洋得意地告诉我："妈妈，你看，这下球就不会浮在水面上了。"虽然球只坚持了几秒钟，不过我觉得这是他自我思考的很好创意。

4. 锡箔纸

几乎大部分的美国家庭都有烤箱，有烤箱就会必备锡箔纸。锡箔纸的材质很特别，在我看来几乎有魔术一般的神奇功能。除了可以叠纸船做出很多不同的造型，还可以承受一定的热度。以前，我会带着豪豪折叠一些桌椅碗筷之类的小东西，锻炼他的小肌肉。现在，也会让他观察锡箔纸包裹着东西放在烤箱前后的一些变化。野餐的时候，他最喜欢做的就是帮忙铺锡箔纸。

5. 水果皮

小的时候，我们都读过冰心奶奶写的《小橘灯》。万圣节的时候，美国人会用南瓜做成各种各样的造型。我总觉得对孩子来说，任何东西都可以是一个玩具，任何东西也都有不同的特质。无论是苹果皮还是橘子皮、梨子皮，等等，每次我削下来的时候，都会放在一个盘子上。豪豪一岁多的时候就喜欢抓着这些玩，现在我开始教他用这些皮做各种造型，完成这些水果皮最后的一次利用价值。

6. 调料酱

颜色的基本三原色是红绿蓝，这三种颜色可以调配出很多不同的颜色。但是调味料里，最常见到的就是红色，番茄酱，黄色，芥末酱，还有酱油醋这些黑色的。蓝色的调味料我相信有，但是不常见。我一般最常用番茄酱和芥末酱让孩子在脸上对着镜子作画。红色和黄色混在一起也可以调出绿色，这个比较简单，不过蓝色就很难调出。我也很喜欢把各种调味料都给豪豪一份，让他自己混合，看看怎么混出一些不一样的颜色。

7. 冰块

在儿童博物馆里，经常会有一种玩具，就是一个大大的冰块。旁边摆着几种颜色的水和一些梳子类的工具以及一个装满盐的盐瓶。冰遇到盐会融化，在冰面上用工具挖出一些不同的纹路，然后用颜色来混搭，都会有很不一样的效果。这些东西看似很平常，里面其实包含了很多学问。从博物馆回来后，我也经常在家里用一些冰块让豪豪玩。前几天，豪豪用最近爱上的贴布把冰块很辛苦地贴在一起，叠成一个桥的形状，等他完成兴高采烈地让我观看时，小冰块也融化得差不多了，但是他玩得特别开心。

8. 手电筒

晚上，几个手电筒就可以玩出一个神奇的影子世界。不同光折射出不同的影子，即使几个手电筒打在同一个物品上，也会有不同形状、不同长度、不同深浅的影子排出，甚至重叠出一个角度。这几天，我和豪豪玩的最多的就是用两个手电筒互相照出我们自己的形状,看着我们俩照在墙上一时又长又高的影子,一时又矮又胖的影子,还经常你追我跑,我追他逃的,非常有意思。连着几天,他依然整天都揣着他自己的那个小的手电筒。

　　我们的家中有很多的"玩具",对一个成长中的小孩来说,我们需要的不是一件成功的艺术作品,而是一个可以开发他思维的神奇玩具。结果是怎么样的,一点都不重要的。孩子在观察和发现的过程中,认知并且加大好奇心和想象力,创造出他自己的作品,这就是孩子最好的玩具。

观察力强的孩子，智力也很高

我是一个崇尚早教的妈妈，并且从不按常理出牌。孩子是不是天才都不重要，重要的是即便是天才，在5岁以前，我们提供给孩子的依然应该是快乐的童年。早教被提倡了多年，深受家长们的喜爱，但是有多少父母真的明白早教的目的和早教的概念呢？

我个人很赞同德国的早教观念，学前阶段不教育知识，能有什么比孩子有一颗乐观的心更重要的呢？情商教育、品德教育还是早教的基础。就拿我们家豪豪来说吧，豪豪已经步入了四岁，在这些年我每日的亲身教育中，我没有教过他认字，没有教过他算术，我更注重培养他的想象力、创造力和观察力及运动能力。

某日，他捏橡皮泥，命题为树叶的味道。他又捏一个形状，告诉我那是爸爸 pancake、妈妈 pancake 和豪豪 pancake，他们是一家人，永远在一起。某日，屋外刮着大风，我问："风是什么味道？"他张大了嘴巴，答："甜的，是糖。"我笑："好吃吗？"答："吃不到。"

观察力强的孩子，智力往往比一般孩子要高出很多。

有时候，我会突发奇想，带着他玩一些很有趣的游戏，通过他的亲身体会而学到一些生活常识，也同样可以开发创造力。

第一，盐与糖的小魔术。

每次去餐馆吃饭的时候，豪豪从不肯好好地坐着等待，我只能取餐桌上的调味料吸引他的注意力。有些餐馆会在餐桌上提供盐、糖分装在两个一样的瓶子里，很多人总是会不小心拿错。我一般会给豪豪三个一样的小碟子，然后把盐瓶和糖瓶分别给他，让他自己分别倒在碟子上，然后在另外一个碟子上倒入混合的盐糖。第一步，让他观察，三个碟子有何不同；第二步，让他分别品尝三种味道，然后把感受说出来；第三步，在三个碟子上滴入几滴水，再观察，再品尝。最大的区别是盐与糖是两种肉眼看上去形状颜色都完全一样的物体，但是味道却是不同的。孩子会通过这个味觉的不同而思考为什么。如果在家，还可以有第四步，把盐水和糖水分别烧开，再观察烧过后的不同形状。豪豪每次都兴奋地问我："为什么，为什么？"

第二，雨水与纯净水的小奥秘。

每逢下雨，我都会带着豪豪在雨水中玩上一阵，我还会接上一杯的雨水，用玻璃杯装着，然后用另一个玻璃杯倒了一杯的纯净水。第一步，让他观察雨水和纯净水的颜色，看看雨水中是否有别的杂质；第二步，品尝雨水和纯净水的不同味道，比较哪一个更好喝；第三步，分别在两个玻璃杯中滴入几滴有颜色的果汁，观察融化的过程。每一步都会带给孩子不一样的感觉。晚上还可以给孩子讲一个关于雨水的科学小故事。

第三，番茄酱与辣椒酱的小刺激。

大部分孩子都很喜欢番茄酱，酸酸甜甜的，大部分孩子也都不喜欢辣椒酱。红色的番茄酱和同样红色的辣椒酱摆放在一起。第一步，先用不同的手指各蘸一点材料，停留几秒，体会手指间不同感觉；第二步，分别放入口中，尝试味道；第三步，观察这两样物品的不同之处，相同之处；第四步，闻一闻两者的不同味道。豪豪现在每次看到我吃辣椒酱，都会看看我说："很辣的，不好吃。"我问："要不要吃一口？"他立刻跑开。

第四，玻璃杯、瓷杯、不锈钢杯的小音乐。

任何一种物品都可以制造出不同的声音，而音乐就是由声音组成的。拿一个玻璃杯、一个瓷杯、一个不锈钢杯摆放在一起，然后给孩子一个不锈钢的汤匙。第一步，打击每一个杯子，听一听声音的不同；第二步，让孩子自由发挥，随意地打击每一个杯子，打击出属于他自己的快乐音乐；第三步，在每一个杯子中分别加入同等分量的水，然后重复第一步和第二步，感受不同的声音。

第五，油和水的小游戏。

我们都知道油和水的密度不同，而且油不溶于水，所以油永远都是浮在水面上。在一个玻璃瓶中，让孩子先倒入水，然后滴入几滴食用油。第一步，观察油与水的情况；第二步，盖上玻璃瓶盖子，让孩子随意地摇摆，怎么转都可以，再观察油在水中的走向；第三步，在瓶中滴入几滴醋，观察其变化。

以上五个游戏都是取材生活中常见的物品，而且容易操作。主要是通过感官的不同感受来吸引孩子的注意力，加强他的观察力，同时也可以让孩子细心地发现生活中的点点不同，从多种角度去思考问题的不同层面。观察力是日常生活中就可以培养出来的，不需要找其他的事物，关键是父母的细心和耐心。

学外语千万别错过黄金期

关于学习，包括认字、拼音或者英文字母以及数字等，我从不主张让孩子过早地学习，因为我知道这些对孩子来说，在以后上学的过程中，他们一定会学习起来。现在孩子还这么小，学习这些，一来身体各方面的能力都没有跟上，学习起来显然会吃力，也会影响他们的兴趣，更会直接影响我们作为父母的心情。再者，在五岁之前，就是玩的时候，我更注重情商的教育，更喜欢让孩子玩得开心。

但是有两种学习，却是一种例外，就是语言和阅读的培养。这两种都是越小培养越好，对孩子的帮助越大。相反，年龄越大越不容易掌握和养成一种良好的习惯。

从目前幼儿语言学的研究来看，孩子最起码可以同时掌握四种语言。可以很容易达到对两种语言的熟练掌握，也就是说，对一个五岁前的孩子来说，掌握好两种语言是极其简单的。

但是，很多人会说，因为多种语言的混乱，让孩子开口说话变慢。会不会因为多种语言而导致孩子的语言混乱呢？当然的确有些孩子会因为多种语言而导致开口的时间变长。比如说孩子正常开口会说单词的年龄应该是十八个月，但是有些孩子会延迟几个月，甚至有孩子到了三岁还不能说句子，这些都是正常的。只要孩子会发出简单的不同音节，只要孩子没有身体本身的问题，晚一点说话没有关系。很多孩子会因为接受多种语言说话延迟，但是他们开始说话的时候就会对多种语言都有良好的表达能力。这一点才是最关键的。

所以，最佳学习语言的时间是零至五岁。零至两岁，让孩子多听，孩子在这个年龄段是不善于表达的，能听懂是学习语言的第一步。两岁至五岁，多看多接触多说。两岁之后，孩子开始说话。看电视也可以放开，每天看半小时还是可以的。当然如果你可以不给孩子看，那是最好。不过我相信大多数家长都是给孩子看电视的。与其这样，不如把看电视作为学习外语的一种途径。

如果可以好好地把握住孩子人生最初五年的语言黄金期，会让孩子在以后的学习语言道路上省下很多的时间。即便在这五年当中，孩子没有说的环境，仅仅只是一直不停地听，短期内你可能不觉得有什么，当他有一天开始学习这门语言的时候，你就会看到了不同，他会很快地融入这个语言的环境，很快地开口，而且发音标准。

有些妈妈问，我想让孩子学习英文，但是我们都不会说英文，怎么办呢？

讲个豪豪学西班牙文的小故事吧。我肯定是不懂西班牙文的，豪爸高中时期有选择西班牙文为第二语言，所以略微知道一些，但是过了这些年也都还给老师了。我们家基本保持中英文两种语言。这两种语言对豪豪来说，没有太大的难度。我很早就知道语言的黄金期，而我也明白西班牙文对住在美国的他来说，是很重要的，因为西班牙文是美国的第二语言。

我一直有收集西班牙文儿歌的 CD，豪豪小的时候，我会经常地放这些儿歌给他听。其实很多西班牙文的儿歌和英文儿歌，用的是同一个旋律，只是语言不同而已。我尽可能地给他多听。两岁之后，他开始看电视。我也会给他看西班牙文的动画片，但是相比中文和英文，他的西班牙文显然是最差的，因为我们没有人用西班牙文和他说话。

曾经有过一段时间，我也质疑这样的坚持有用吗？直到有一次，我邻居墨西哥大妈告诉我，豪豪可以听懂她的西班牙话，然后用英文回答她。我从惊讶变成了惊喜。但是那时候，豪豪更愿意看中文或者英文的动画片，他通常看十分钟西班牙文的电视就会不想看了。甚至到后来，他连电视也不想看了。

我带着他去参加西班牙文的故事会，融入西班牙语老师的手工课，虽然我不明白老师说什么，但是豪豪其实是懂得，对这样的手工课他倒是不排斥。渐渐地，我又开始找他喜欢的动画片，蝙蝠侠、超人等，但是我去图书馆只借西班牙语的版本。每天让他看一点，即使十分钟也可以。我甚至请朋友帮我在 ipad 上下载了西班牙文的游戏，只是规定他时间不得超过半小时。

日积月累是有明显效果的。他听西班牙故事会的时间越来越长，而且很多时候还会主动地融入进去和小朋友们一起回答问题。偶尔有时候和我说话，还会说一连串我不懂的西班牙文。看到我不懂，他还很奇怪地看着我，然后用中文问我，你不知道这是什么意思吗？唉，你老妈我是真的不懂西班牙文。

坚持到现在，豪豪的西班牙文当然还是三门语言中最差的，但是他现在可以安静地看完半小时的西班牙文，很多时候还不愿意关电视。还是因为说的环境太少，我目前对他的西班牙文只要求会听就可以。因为会听之后，迟早他都是会说的，只是需要一个语言的环境而已。

其实我们不会说的语言并不代表孩子不可以学习。我记得我小时候住过不同的地方，很多地方语言我都能听懂，但是就是不会说，也不喜欢说。但是长大后，再去那些小时候呆过的地方，听着那些熟悉的语言，我开始尝试慢慢地开口，仅仅几个月时间我就开口说那种方言。

所以我坚信，学一门语言，最主要的就是从语言黄金期开始不停地听，只要孩子能听懂，会不会说不是最主要的。能听懂就是沟通的第一步，也是学习外语的第一步，会听了，要会说就容易多了。

所以，学外语千万别错过语言的黄金期！

如何利用阅读帮助孩子快速学习

给孩子读读书，讲讲故事，听起来是一件很简单的事情，实则，这阅读里面深藏着很多窍门。孩子到了不同的年龄层，阅读的方法就会相对应地改变，选择的阅读书本也要开始更换。孩子一岁时，我们顾着自己讲着故事，任由孩子在身边手脚不停地来回爬动。孩子两岁的时候，为了规范孩子的行为，我们要选择一些简单易懂的绘本。孩子三岁的时候，我们可以根据孩子的喜好选择一些他感兴趣的绘本。四岁的时候，到了讲道理的年龄，就需要找一些深奥一点的人生哲理书，让孩子自己领悟。

到了五岁，开始读书识字了，又要换一些不同的绘本。我给豪豪选书，从三个方面去选。他现在的阅读量也比较大，一天至少也要五本以上。走马观光似的看绘本，我个人不算很喜欢，但对孩子来说，问题不大。反正每一本书他也不是只看一次，那少说一本书也是要七八次的，孩子记性好，多看几次便记住了。

在阅读方面，我不给孩子压力，更不给自己压力。本就是培养一个习惯，一个爱好，要放轻松。我一直认为，读书除了天分，就是方法。一个好的方法抵无功用机械操作一百次。所以，我分配给豪豪学习的时间极少，我只要求他，做到认真即可。一分钟的认真远比十分钟的磨蹭更为有用。

在美国的中国家长，对孩子的中文始终是一块心病，大部分华人家庭都会把孩子送入中文学校,即使只有一个星期一次的上课时间,也是乐此不疲地往来接送。我现在不确定未来的某一天,自己会不会加入这个阵队,就目前来说,完全没有必要。因为我们自己在家每天几分钟的中文学习,已经远比邻居在中文学校学了一年的进度要大,也就无谓折腾自己和儿子了。

有人问我,在学习方面你是怎么教豪豪的?我现在用的方法很简单,也就是通过阅读而已。豪豪刚开始上学,老师尚且都不布置作业,我自然不会提早太多,也就是利用阅读的时候,讲故事一般地灌输给他一些书本知识罢了。

如何利用阅读帮助孩子快速学习呢?

其一,每天给孩子找三本简单的绘本。

一本为中文,一本为英文,一本为数字。五岁在学校学的就是英文字母和数字,在家同步学简单中文。为了防止拼音和英文混淆,我们不会这么早教孩子拼音,而是先从字的结构开始识字。绘本简单到可能是孩子一岁时候用过的。比如说中文书,就要尽量找一些字体简单的故事书,例如《狼来了》,里面的字用得都不复杂,孩子容易记住。一天需要他记住一个字即好,多了也没有意思了。记住的这个字,然后放到纸上,让孩子描红一样地描上几遍,把笔画的顺序记住就好。

英文书,可以找同一字母开头有趣的书本,比如 *The cat in The hat* 系列。孩子学英文,不是为了学习一个单词,而是要让孩子知道同一个字母打头的单词有多少,然后记住这个字母的发音,以及和后面字母结合后的发音。英文的基础是音标和发音,通过音标和发音,就可以无误地拼写出单词,这是至关重要的英文学习基础。所以我就是让豪豪每天背着这些书本当唱歌玩,一天只要能记住一句就很好。

数字书,我确实是找了孩子用的数字书,只是阅读的方法不一样了。我不是指着数字让他念,不是指着图画上的苹果让他数。五岁的孩子早过了数数字的年龄,虽然从来没有刻意教过豪豪,他也是自己乱念得可以数到一百,只是中间偶尔会漏掉几个数字罢了。现在对他来说,要学的是十以内的加减法。数字十上有十个苹果的图片，我把十个苹果遮住一个，假装给豪豪吃了一个，然后问他，吃掉了一个，还有几个呢？每天就玩几分钟，让他可以不用思考就知道十以内的加减法。游戏式的学习总会让孩子更为兴奋。

其二，锻炼孩子写作，从让孩子自己讲故事开始。

讲故事的时候，不要朗读一遍就算了，要把每一页讲什么的重点提炼出来，告诉孩子。去掉那些修饰的词语，把故事的内容用关键字组合起来，孩子才会记住这个故事的大纲。比如说，佳佳戴上红色的鸭舌帽，穿上球鞋，背上背包准备去郊外春游。念完了这一句，我们要告诉孩子，这句话是说佳佳要去春游。比起前一句，孩子更容易记住后一句。当整个故事讲完了，孩子不可能记住那些复杂的修饰词，但是孩子记住了这个故事。你再让孩子告诉你，这个故事说什么呀？他可以很快地说出来。太复杂了，孩子就会因为难而不去做。让孩子自己讲故事是帮助他写作的开始。至于修饰的那些词语，以后可以每天一点地慢慢教。讲故事最起码要先把想讲的东西大致说出来让人明白才好。

其三，阅读前，让孩子把自己会的字先指出来，达到不枯燥温习的目的。

每天认一个字，我基本上一个星期让豪豪认四个字，星期五重复一次，周末休息。一个月不到的时间下来，小家伙也认识了不少字，每次看到书上有自己认识的字，就会很高兴地指出来念给我听。他会自己根据图片和简单认识的字去猜测故事讲什么。我觉得这个好有趣，虽然他总是讲错，但是我从不纠正他，讲故事本来就需要不同的创造灵感呀。

每次阅读前，豪豪自己会先把书本上认识的字一个一个地找出来，我也会在旁边提醒他，帮助他温习这些学习过的中文字或者英文。这样，他就不会感觉到每天都要复习那么麻烦，而是从他感兴趣的找字游戏中悄悄地复习之前他学过的字。

总的来说，我每天和豪豪花在学习的时间上很少，基本上属于寓教于乐，通过书本达到不同的目的。这对他是一种开心的玩乐和做一件他爱好的事情，对我是让他高兴地学习，端正他的学习态度。我自始至终认为，孩子读书不应该是一种负担，而应该变成孩子的一种乐趣，当他渴望去学习的时候，自然就会想办法认真地学习。要是逼迫着孩子去学习，就会让孩子对学习失去兴趣，倒变得没有意义了。

该不该给孩子指字阅读

该不该给孩子指字阅读呢？这个问题曾引起爸爸妈妈们的热烈讨论。因为有些妈妈在别的育儿书中看到了不同的观点，也有些妈妈提出了问题，为何要给孩子逐字阅读？

有妈妈提出，一开始就手指着文字给孩子念书是一种阅读上的误区，理由是年纪尚小的孩子看书必定是先看图片，孩子的想象力很丰富，光看图对文字的理解也八九不离十。同时，图画可以锻炼孩子的想象力，提高艺术鉴赏能力。认字是早晚的事情，因此家长用手指着文字给孩子讲故事，可能会顾此失彼。

也有的妈妈提出，学校的老师是不允许家长指着文字给孩子阅读，认为手指着文字一个一个地念，会影响孩子阅读的速度，相对于国内的应试，阅读的速度也是需要训练的。

我先说说为何美国的老师会教育我们指着文字给孩子阅读？美国的老师并不赞同孩子早识字，所以对老师提出指着文字给孩子阅读的观点，基本上不是从让孩子识字为目的而出发。我不知道有多少父母试过给孩子指着文字阅读，如果你试过，你就一定有感触，不同年龄段的孩子在听故事的时候，眼睛的位置都是不同的。我认为给孩子指字阅读会有比较重要的作用的。

第一，孩子越小，就更容易跟着我们手指的指引而吸引专注力。

孩子的专注力向来是一个颇为让人头痛的教育重点之一。要如何培养孩子的专注力，一直是家长最为关心的话题。

第二，让孩子对文字的结构组成有一个广泛的概念。

每一种语言的文字都有自己的固定形式，即使法语和英语之间，看似相近也会有不同的区别。当孩子的注意力集中到文字上的时候，就会对文字的结构产生一定的自我理解。而我们也不能否认，每一种文字的组成和结构实际上也是一种艺术。

第三，灌输孩子阅读的方法和次序。

就如同我们写字一样，写字的笔画是老师首先要教给的，从左到右，从上到下。阅读也是如此，现在的书本，除了繁体字的一些古文读物还是采用从右到左的竖立阅读方式，其他的任何文字基本都是统一为从左到右的阅读方式。当我们沿着我们的习惯指着文字阅读的时候，肯定也是遵从从左到右的习惯。

我们再来说一说，指着字给孩子阅读是否会影响孩子的想象力。想象力和创造力是相辅相成的，有了想象力就会有创造力，这点是我们渴望孩子拥有的。如果说指着字阅读会影响想象力，那么确实顾此失彼。然而，我的理解是，指字阅读并不会影响孩子的想象力。

绘本相对文字较少，大部分绘本以图片为主，适合年龄小的孩子。即使到了六岁，大多数绘本也是以少量的文字，多图的形式而存在。而且越小的孩子，他们的专注力和耐心都比较欠缺，对我们指字阅读的兴趣也仅仅是停留在每一个页面开始的几秒钟，之后，他们就会被图片的颜色所吸引而变成自己看图理解故事。所以说，实际上，无论你用哪种方式给孩子阅读，孩子注重看图和注重听的成分是占了最大比例。

随着孩子的长大，记忆力开始加强，对文字的记忆也开始增强。这时候我们指字阅读确实可以帮助孩子识字，但是同样的，这也不会影响孩子的想象力。阅读是多变的，当孩子有了阅读的习惯之后，会倾向于自己先看书本，通过图片或者自己认识的一些字去猜测这本书讲的是什么故事。如果你有时间，大可以让孩子先把他看到的故事讲给你听，然后你再给孩子阅读。

说孩子上学后，指字阅读对阅读速度是否有影响？我也是应试考试出来的学生，深深明白应试考试的压力。我个人的阅读习惯是对自己感兴趣的读物都会细嚼慢咽，慢慢欣赏。考试时当然要和时间竞争，但是看题目的心细是不容忽视的。在我的理解中，如果花一遍的时间就可以完全理解这句话的含义，那应该要比第一遍没有看懂，再重新看一遍来得更快一些，而且对于理解力的锻炼也更为有用。在我开始学英文，看英文小说的时候，遇到很多不理解的生字，我们的阅读习惯就是把不认识的生字标注出来后靠前后词的贯通来猜测意思，这样就会不影响阅读的速度，等小说看完后，再回头查不认识的单词。对英文的学习来说，我觉得这个方法是很有效的。

所以，我认为，锻炼孩子对文字的理解力和记忆力是阅读的首要任务，也是学习的重点。有人会一目十行，看一眼就可以完全理解文字和记住所有文字，这是一种我们很羡慕的能力。指字阅读，刚开始的时候，确实会减慢阅读的速度，至少我在给儿子指字阅读的时候，为了吸引孩子对文字多一点的专注力，确实会刻意减慢我的语速。同时，在读完一段话之后，我也会和孩子讨论这段话他的理解和我的解释，目的是锻炼他的理解能力。同时，讲完一个故事，回头我还会问他，这个故事讲了什么，他会用自己的语言重新简单地组织一遍。

指字阅读，让我发现孩子在重复故事的时候，随着他的年龄增长，文字的使用就更加贴切。这就说明了，当我们指字阅读的时候，孩子有注意到成语或者词语的不同用法，同时只有明白了这些词的真正意思，他才能很好地表达出来。我也注意到，在我的指字阅读中，孩子对汉字的认识也加速了不少。我每天教儿子一个汉字，他只是描红三遍写一遍，然后我只是通过阅读来帮助他复习这些他学过的汉字。每次他在书本中看到他学过的字，就会很兴奋地指出。而且我还发现，一旦他学过的汉字，都会牢牢地记住，我甚至不需要第二天让他重复练习。

对于五岁以后的孩子，大脑的记忆力到了最强的时候，这时候就更是要通过帮助孩子通过理解而加强记忆，这不仅仅只是文字的认识，文字只是很少的一部分。我认为指字阅读的目的，在孩子步入小学的时候，是有助于孩子对文字的理解和增加对文字品读的兴趣的。

让孩子爱上写作从阅读开始

写作同衣食一样，成为生活中不可缺少的一个项目。如何让孩子爱上写作，这是多数家长极为关心的问题。

美国的小学一直比较重视写作文，豪豪从学前班到如今的一年级，几乎每个星期发放回来的作业都有一页是写作文。豪豪平时还是比较爱阅读，但是写作文的时候总喜欢天马行空，不喜欢按照老师的要求来写。好比说，要求挑选一篇读过的绘本写出自己的心得，或者写出这本绘本的大致故事。类似于这种总结性的作文，从来都是豪豪的弱项。

我与他相反，从小就爱写什么观后感，看啥都喜欢写心得，可是怎么到了他就不同了呢？我相信他对自己读过的每一本书都是有记忆并且知道在说什么，只是他就喜欢自己编写一些自己喜欢的东西。起初我也并没有说什么，觉得孩子有自己的思想也不错，写作本来也不该有局限性。可是后来想想，也总不能都由着他，把看过的书讲讲心得，用自己的语言重新组织故事也是一种写作的锻炼呀。

小家伙马上七岁了，懒惰的毛病开始慢慢地出现，从很多小事情上我都开始发现他只做自己喜欢的事情，对自己不喜欢的事情总有办法去偷懒。但是我认为在他这个年龄，仅仅在写作和阅读上就已经开始思考怎么偷懒了，那后果是会让他悔恨一辈子的。

阅读是每天固定的事情，他也喜欢阅读，但是阅读的方式有很多种，我针对他不喜欢写读后感的小毛病，特别想出来了一些有意思的阅读方式，一来增加他对阅读的兴趣，二来可以让他对阅读过的故事更有体会，并且加深印象。

1. 和孩子比赛讲故事

阅读不是单纯地看着书本念，我从来不喜欢直接地念故事让孩子听，总喜欢根据画面先猜测故事的起因结果。现在，我会遮住故事书的文字部分，和豪豪比赛讲故事，利用绘本的图画，让他先说，反正他喜欢编故事，我就让他先讲出他对图画的想法和他的推理。等他说完，我就会讲一个和他不同的故事，然后，我们在翻开文字的部分，看看我们谁讲的故事更接近作者的思维。因为让他先讲，很多时候，他的故事都会更贴近作者的故事，这让他很是自豪，故在阅读文字部分的时候他都更为认真地比较他和作者的差别在哪里，这反倒让他更进一步地记住了这则故事。

2. 和孩子表演故事

有些故事比较简单，但是有一定的寓意，比如说龟兔赛跑。单纯的只是听故事，并不是让孩子理解龟兔赛跑想讲的最终目的是什么，面对这类寓言故事，我都喜欢和豪豪表演故事。他扮演乌龟，我扮演兔子，豪爸给我们念对白，我们跟着豪爸的对白一边演一边重复我们需要说的台词。最后，当他开始嘲笑我演兔子在后面变成失败者的时候，就会和他一起讨论为什么兔子会失败，兔子明明比乌龟会跳，让他自己去思考来告诉我们他的想法。在一番讨论之后，我们最后说出书中的解释，让他懂得寓意的同时可以通过书中的总结重新整理自己的文字。表演的方式对豪豪是非常有用的，他本身就爱动，这么一表演反而让他对这个故事记忆深刻。

3. 改编故事

豪豪本身就喜欢自己编写故事，可是他的主角永远都是固定的几个人物，不是一起打球的小朋友就是一起玩的邻居朋友们。可能因为活动范围还是有限，故事的发展也基本围绕着打球展开的比较多，写了好多次我都发现是写打球的事情。为了扩宽他的写作思路，我把我们看过的一些绘本，找出一些比较简单的故事，让他利用故事书中的人物和情节改编成更为复杂的故事。每到周末的时候，我就会和他一起改编一本故事书，并把他的想法记录下来。有时候他会只用人物，把整个故事都变成了另外一个故事，我就会鼓励他自己记录下来，直接就成了他的作文。

　　阅读给了我很多灵感，特别是在育儿上给了我很大的帮助，我总喜欢通过阅读去纠正豪豪的一些刚萌芽的小毛病，而且阅读的多种方式确实可以让孩子更加迷恋书本，还能增加无穷的亲子快乐时光。

会玩的孩子更懂学习

很多父母到了孩子上学的年龄就会把重点放在学习上，孩子玩闹的时间一下子都被学习被霸占了。即使很多孩子实际上还没有到读书识字的时段，但是为了不落后其他的孩子，家长也是拼命地督促孩子去学习。很多住在美国的华人孩子也是如此，美其名曰要跟上国内的进度，甚至因为父母亲的优秀，希望孩子还能更上一层楼。到底是读书认字重要，还是玩更重要。很显然，玩是不被大多数父母认可的。

真的是这样吗？似乎并不是如此，记得以前上学时我们班上有一个男孩，每天都在玩，几乎看不到他读书。当我们都被父母盯着写作业的时候，他时不时传来快乐的笑声。我们只能羡慕地听着，看看自己的父母亲，然后继续埋头苦写，但是内心是那么地不情愿。最可气的是，每次考试的时候，他从来都是班级上的前几名。对我们来说，他几乎是全能的学生，成绩好，体育好，还能帮老师分担任务。我们的父母亲却说，那是因为他聪明，你没有人家那么聪明，就只能是笨鸟先飞，比别人多花时间去学习，减少玩的时间。

后来，他轻松地进入了他想进的学校，工作家庭各方面都很令他满意。同学会的时候，我们见到他，神采飞扬。我们不禁要问，人活着最终的目的是什么？为钱？为职位？为面子？怎么样的人才算成才？我们希望我们的孩子将来发展成怎样的人呢？每一个父母是不是应该先考虑一下这个问题呢？

我从来没有想过有一天豪豪要成为有名的人，或者有钱的人。将来的他会怎么发展，我其实无法控制。但是我希望我的教育可以让他对生活充满信心，遇到挫折也会坚持到底，永远以积极的心态对待生活中的每一件事情。我还希望他可以独立自主，选择自己喜欢的事业。

我渐渐地想明白了，不是因为那个同学有多聪明，而是因为他的父母让他自己安排时间，做作业和玩，他一样也没有耽误。他不需要父母的监督，也不会因为作业而遭到父母的责骂和督促。

学习固然重要，但是玩也不可忽视，因为只有放松了身心，才能更智慧地去对待学习。在我看来，会玩的孩子更懂得怎么学习。

何为会玩？很多朋友说我孩子只会"瞎玩"。有时候，我们看到孩子在玩一些我们看不懂的游戏，就认为是"瞎玩"。但是孩子玩得不亦乐乎，而且玩得花样频出。这些游戏方法都是孩子自己创造出来。这些难道不是孩子的智慧吗？这些难道不是聪明的表现吗？孩子在玩的过程中，不仅锻炼了身体，智慧也参与其中。

孩子之所以爱玩，因为在玩的时候，没有压力，还可以想出愉悦自己的方法。在玩的过程中，他们为了玩得更加有趣，就会自己动脑筋想出更有意思的游戏。也为了让游戏变得更有趣，他们就挑战游戏的难度。当孩子在玩的时候，其实他们消耗了更多的体力和脑力，让身体变得更强壮，也让脑袋的潜能得到更多的发挥。更重要的是，孩子在玩的过程中，学会了与朋友和平相处，更学会了遵守玩的规则。

当我们对孩子说，你可以自由地安排你的时间，但是老师布置的作业要完成，要按时睡觉。孩子就会开始管理自己的时间，他们为了可以有更多的时间去玩，反而会自觉地在最短的时间内完成学习的任务。

当学习不再是压力的时候，孩子就不会去排斥学习，反而会真心地爱上学习，认真去学习这些课本的知识。可是，如果每次做作业、看书都会让家长不高兴，都会受到批评，而且每天都在学习的压力下度过，那么孩子还会在内心真地爱上学习吗？被强迫地学习看到的只是分数，而不是身心的愉快。

我告诉豪豪，每天你只需要做十分钟的功课，自己看着时钟掌握时间，超过时间就算作业没有做完，也要收了作业明天再做。我每天只给豪豪练习一个中文字，只要笔画写对，即使写得不好，我也不会让他继续写下去。接下去的时间，他想玩什么，我从不多说，全部他自己安排，当然兴趣课除外，那是固定的时间。

他现在每天早晨起来，自己吃完早饭，就会自己拿出功课做。通常我都还没有起床。除非有时候我起得特别早会给他做早餐，不然他自己可以解决一些简单的早餐，比如三明治、麦片粥等。老师布置的作业，他每天做一点，在交作业前，都会做完，我只是象征性地检查一下，或者他对题目不懂的时候来问我怎么做。我发现他现在对学习有很大的兴趣，还很喜欢自己拿着书看图说故事。

这些都让我发现，对孩子的教育，应该抓住重点，比如说教他合理安排时间，就会对学习有很大的帮助；教他对学习的事物产生兴趣会让他更自觉地学习。相反，用压迫的方式盯着孩子做作业，失去玩的时间，那就不值得了。

孩子，会玩就会更懂得学习，别太早为了学习放弃了孩子玩乐的快乐时间！

你真的会陪孩子写作业吗

陪孩子写作业是需要方法和技巧的，有很多家长提到陪孩子写作业，就用一种很夸张的表情。我记得豪豪刚上小学的时候，也总是会做一些让我觉得很无语的事情。比如说，他拿笔的姿势怎么也纠正不过来，写字的坐姿是怎么舒服怎么来，还有看题目总是一遍就过，等等。

这几年下来，我做过对他最大的惩罚就是直接把他的作业本撕了，看着豪豪一边哭一边从垃圾堆里把碎片捡起来，一点一点地拼凑起来，然后粘好，最后在作业纸后面附了一张新的纸，把答案写上去。整个过程对我对他都是一种惩罚，对我更是一种惩罚。从那一刻开始，我知道我错了，而且错得很离谱。即使孩子做得再错，也没有必要如此小题大做，大动肝火。等我冷静下来之后，我陪着他把碎片拼好，和他说对不起，并且承诺，我再也不会撕他的作业了，请他原谅我的不冷静。之后，我们平心静气地坐在一起就这件事情彼此做了一个自我检查，只检讨自己的错，不许说对方的错。因为只有我们带头做自我检讨，孩子才会去思考他到底做错了什么。只有从对方的角度去想问题，才能找到问题的原因。那也是唯一的一次在他做作业事情上我大发脾气。

上了三年级的豪豪变得让我比较自豪，特别在做作业的事情上。他会主动完成老师的作业，在每日我布置的中文作业上也表现得很积极。虽然他的拿笔姿势还是不经意地会回到以前的旧姿势，但是他对学习的热情很明显地增加了很多。我感觉他做作业不再是被逼迫的，而是他自己想去学习。他会有很多他自己的想法，有时候觉得他做作业的动作真的是慢，但是在听到他的想法后，我也就不再说什么了。

我们全家都有极好的作息时间，豪豪一般最晚不能超过9点，也就是说8点钟他就必须准备完毕上床准备睡觉。有一次他做作业到10点，我告诉他，这种事情我们只能发生这一次，下次要是没做完，就早上起来做。开始的时候，我只是想保证他充足的睡眠，给出一个早晨做作业的提议。但是，意想不到的是早上做作业反而最快速和最有效率。有时候，豪豪的作业比较多，他就会提早20分钟起床做作业，而我准备早餐。时间和平时也没有冲突，对我而言，他要是喜欢早上做作业，也没有什么不可以。

我相信国内孩子的作业肯定要比豪豪多得多，但不管作业的多少，孩子的学习自觉性是我们家长关注的。下面分享一下我辅导豪豪学习的几个小诀窍，希望可以帮助到一些父母，不再为陪孩子做作业而烦恼。

诀窍一，以孩子的角度去看待做作业。

家长之所以生气，是因为我们用了大人的思维去界定孩子做作业的难易。比如，三年级的豪豪刚开始学习乘除法，对于我们来说，背会口诀表是最快的捷径，但是孩子并不这么想。因为他还没有体会到背会了口诀表之后对学习有何帮助，他只是觉得背口诀表是很难的事情。那么，在大人和孩子的想法不一样的时候，难道我们就该强迫孩子去背口诀表吗？万事开头难，我相信我们在这个年龄应该也不乐意背口诀表吧。

站在他的角度，我让他用自己的方法去得出乘除法题目的答案。看着他掰着手指头慢慢加那些数字的时候，我的想法是，这下加减法会更好了。做作业的动作虽然慢一点，但是每天算上几遍的加减法，口诀表在他的脑袋中已经留下了印象。就好比 6×8，多加了几次，也就有了8、16、24、32、40、48。每个人都有自己的学习方法，何必非要把我们的方法强加给孩子呢？

这几天，豪豪开始学习周长和边长。开始我看到应用题，还觉得这教学的速度还挺快。等我看到豪豪的答案之后，发现他完全没有周长和边长的概念，数字的答案回答对了，但是单位却用错了。在我用了几种不同的方法给他解释之后，他还是有些似懂非懂，我一下子明白了，老师根本还没有教这个概念呢。于是我撇开了概念之说，仅从题目中，让他从单位的不同使用模式中找到不同，再填写答案，这下就变得特别容易了。遇到类似的应用题时，他一下子就找到了不同，很容易就做对了。概念的事情，还是留给老师去教吧。

所以，当孩子对作业迷茫的时候，或者做错的时候，千万不要用"粗心，不用心"去定义孩子，而是应该假设你在这个年龄的时候，遇到这些题目会怎么去做，然后去引导孩子做作业。

诀窍二，从易到难，中间小息。

我明白很多家长都会要求孩子一口气把作业都做完。以前，我也总和豪豪说，赶快把作业做完了，就可以自由分配你的玩乐时间。但实际上，这个年龄段的孩子并没有这么好的持久性和专注力。你一口气让孩子把所有的作业都做完了，只会让孩子感觉特别累，反而更加厌恶做作业。回到家之后，可以先和孩子聊聊天，顺便把作业的难易分开。比如说孩子喜欢数学，就会觉得数学简单，写起来也快。不喜欢英文，可能就会拖延时间去完成这个作业。

简单的作业尽量不要陪在孩子身边，让他独立完成。完成的时候，看一下时间，表扬一下孩子。"这么快做完了，动作很快嘛。"这句话会带给孩子做作业的快乐。简单的做完了，肯定要开始啃难的作业。你可以在孩子做数学作业的时候，就开始看英文作业的题目，看看难在哪里，先想好怎么引导孩子去做。在开始难的作业之前，可以给孩子一个休息的时间，吃一点水果或者喝点水，同时，你可以在这个休息的时间里以一种询问的方法引导孩子对难的作业有一个大致的思维方向。比如说，豪豪以前不怎么喜欢写作，一是因为他抓不到故事的中心思想，二是因为单词容易拼错。后来我就经常在他阅读书本的时候，引导他去抓故事的核心主题，日积月累，现在已经没有这个问题。至于说到拼错，我自己还经常拼错单词呢，错了改过来就好。因为没有批评，他反而不怕错了，改的次数多了也就记住了。后来，在他写作之前，我们都会吃着小点心随意聊一下，我会问他："你打算写什么呀""为什么写这个事情呢""这个事情给你印象深刻的地方在哪里呀""你还记得当时是在一个什么情况下发生的这个事情吗"？当我们有过这个交流之后，我继续忙我的，他开始写作的思考。因为有了大致的方向，写起来也就不再难了。

诀窍三，检查作业是一个关键。

美国的很多老师是不批改作业的，豪豪一连遇到两个美国老师都是开学的时候就告诉我们，让家长批改并监督孩子作业，她们可不管。豪豪的作业基本上都是我在检查，豪爸也会帮忙批改英文的作业。虽然我经常告诉豪豪，做完作业要养成自己检查作业的习惯。但，老实说，这个年龄的孩子有几个不是偷懒的，豪豪也是如此，装模作样地检查一下，到了我检查的时候，错的还是错的。

尽管如此，家长给孩子检查作业，还是要有方法。第一，千万不要指出出错的地方，只是告诉他第几页错了几道题，然后还给他自己检查，这就是培养孩子自我检查的习惯。第二，奖罚分明。自己检查出来的错误，改了就行。自己不愿检查被我们指出的错误，要惩罚。我一般惩罚豪豪错一道题俯卧撑10个。尽量去引导孩子自我检查，这时候就需要考验家长说话的技巧了。别和孩子说："你怎么这么粗心，居然错了两道题，自己检查去。"换一个说话方式："这一页有两道题错了，你要是再看一遍，就可以做对了。"潜意识地鼓励他是可以自己做对的。比起被批评，哪个孩子不喜欢被肯定呢？

遇到比较难的作业，孩子做错了，或者理解错了，也不要着急，可以说："你可以读一遍这个题目给我听吗？"其实就是让孩子自己再看一遍题目，很多时候，孩子再读一遍的时候，马上就能反应过来自己的失误在哪里，即使孩子还是没有反应过来，那你就逐句去问："你觉得这句话是什么意思呢？"豪豪的数学作业中经常有一种题目，类似我们国内的动脑筋题目。有些题目是比较抽象的，甚至很多家长看了都觉得理解不了，豪爸有时候就会说，这类题目一点用处也没有。但我不这么认为，让孩子从多个角度去动动脑筋并没有什么不好。我就会把我的理解引导豪豪在重复题目的时候自己说出来，这也是间接地培养孩子对题目的理解能力。

最后，还要强调一点，就是千万不要让孩子在很累的情况下做作业，特别是晚上熬夜，对孩子的健康和学习都没有任何的帮助。即使作业多到做不完，也应该尽力让孩子早睡。孩子越累，脑力活动越弱，作业质量只会更差，与其熬夜做完不如早点睡觉，早上早起再做作业好了。就算真的做不完所有的作业，也不要责骂孩子。

其实，所谓的陪，陪的就是孩子的学习情绪和状态，关注孩子在学习过程中的状态，让孩子在愉快的情绪下学习，养成良好的学习习惯。

第三章
好的习惯，让孩子受益一生

我们无法决定孩子的未来，但是我们可以影响他们的习惯，孩子的习惯也许可以决定他们的未来。

五个细节培养孩子的好习惯

我们无法决定孩子的未来,但是我们可以影响他们的习惯,孩子的习惯也许可以决定他们的未来。

1. 孩子摔倒了让他自己爬起来

美国有一种教育方法我很欣赏,当孩子开始学会走路的时候,很容易跌倒,我的邻居在她儿子1岁的时候,经常放在草地上任他自己玩耍,小朋友刚刚学会走路,一晃一晃的,甚是可爱,走得很是不稳,总是摔倒,每一次摔倒,他都会望向母亲,母亲就会对着他鼓掌并且发出爽朗的笑声,鼓励他自己站起来,看到几次之后,我就好奇地问她,为什么?她告诉我说,一来,不一样的声音可以转移孩子的注意力;二来,孩子都是独立的,看看没有人帮忙,也就自己站起来了。在儿子学习走路的时候,我开始使用这样的方法,总是鼓励他自己站起来,只要不是很严重的摔伤,我都不会去抱起他。学走路的孩子摔倒,本就是一件很正常的事情,我的朋友来看我,看到我儿子每次跌倒,都是自己站起来,即使脸上有一点损伤,他也安然地爬起来,又去玩了。朋友惊奇得问我,你儿子摔倒了,都不哭吗?我笑了笑,事实已经回答了这个问题。

2. 让孩子帮忙做事情

我是一名幼儿教师,幼儿园里大一点的孩子,我都会适当地安排他们做一些帮忙的工作，比如说，幼儿园里有哪个小朋友过生日了，我们通常都会自己做一个小蛋糕给小寿星，一来可以让他们观察和经历整个做蛋糕的过程，二来可以让大一点的孩子尝试帮忙烘烤之前的劳作，打蛋和面之类的，基本上所有的小朋友都非常愿意帮忙，就连我儿子在18个月的时候也是积极地要过来帮忙，对他们而言，这些工作都是一些玩乐，不仅可以帮助他们开发大脑，也可以从制作的过程中来教育他们食物的重要性，当他们品尝自己做出来的蛋糕时，即使我放的糖份量很少，他们依然很喜欢吃。有的时候，我会让我儿子帮忙丢个小垃圾，或者递个东西给我，儿子都是高高兴兴地去做。或许孩子的天性就是喜欢帮助他人，或者他们认为自己也可以做事情。这是令人高兴的。

3. 孩子自己可以做的事情尽量让他自己做

两岁多一点的孩子基本上都开始喜欢自己穿鞋子了，我们幼儿园里有一个小朋友很喜欢自己穿鞋子，从不喜欢我们帮忙，刚开始的时候，总是左右脚穿反，她就会问我怎么回事？我会在她面前示范帮小小孩穿鞋子，然后告诉她怎么区分左右脚的鞋子，她自己就照着我的样子，脱下来重穿。儿子从16个月的时候开始，很喜欢模仿我做事情，每天吃完晚饭，我都会用布把家里的地擦上一遍。第一次发现儿子学着我的样子跪在地板上用自己的衣服擦地的时候，我觉得特别的可爱，于是我给他准备了两块小布，和我的擦地布放在一起。每次我擦地的时候，他都会自己习惯性地取那属于他的布，在我身边帮忙着。虽然他擦的地并不干净，可是我总是很开心地看到他小小的身影在那里很认真地做事情。

4. 学会自己吃饭

从儿子9个月开始，我就会让他自己用手抓东西吃饭，或许是因为我一直修读幼儿教育的课程，很早就知道了，让孩子用手指抓东西是锻炼小肌肉的一种方法。食物是一种软性的东西，对骨骼很柔软的儿子来说，这无疑是最好的锻炼方法，一来可以提升对食物的兴趣，自己吃到的东西总是好吃的，二来可以让他自己学会独立思考。刚开始训练他的时候，最大的工作就是要整天做他的清洁工作，有的时候，一天要换三套衣服，过了一段时间后，我发现我可以和他一起悠闲地吃饭，或者在他吃饭的时候我就去做大人的饭菜。直到现在，儿子都是自己独立吃饭，有的时候，他坐在饭桌前和我们一样吃饭的时候，我总觉得他已经是个大孩子了。

5. 玩完了玩具自己收拾

从豪豪可以很好地走路开始，我都会把家里的所有玩具分类放在不同的盒子里。儿子每次他都会拿很多玩具出来玩，并且每一件玩具玩的时间都不会太长，我从来都是放纵他爱怎么玩都可以，只是在我们要开始把所有的玩具收拾掉的时候，我都会要求他自己清理，我只是帮助他并且告诉他每一个玩具要放的地方。刚开始的时候，他很不愿意收拾，总是赖皮，有的时候我也会失去耐心，不过大部分时候，我都会讲一些小故事并且给他盒子引导他自己把玩具收拾到盒子里。

这些小事情对他们来说，并不算什么难事，我却觉得培养孩子就是要从小事情开始，点滴的生活好习惯不仅可以帮助他体会从做事情中寻找乐趣，还可以锻炼他独立个性的养成。

孩子的磨蹭，并不是一个坏习惯

几乎所有的父母亲都有过这样的经历，孩子吃饭慢，穿衣慢，你让他做一件事情，起码要叫好几遍。遇到这样的情况，父母亲都会摇摇头说："我的孩子怎么这么磨蹭！"更多的父母亲就会选择大发脾气，逼迫孩子就范。还有些父母就干脆自己去帮忙做了，懒得和孩子浪费时间。

所有的孩子都会经历这个磨蹭的阶段，所有的孩子都会选择性地不听话，难道这样的孩子都是磨蹭的孩子吗？也有人婉转地说这是一个慢性子的孩子。孩子磨蹭未必就是慢性子，孩子慢性子也未必就会磨蹭。

豪豪肯定不是慢性子，但是他也磨蹭。很容易在他身上发现，他喜欢做的事情，动作不仅快，效率也高。往往那些他不喜欢做的事情、不喜欢吃的食物，就会出现磨蹭的情况。尽管你知道这是他不喜欢的东西，但是不是所有不喜欢的东西他都可以选择不去做？不喜欢的食物就可以不吃？

孩子的磨蹭，并不能说是一个坏习惯。有时候，孩子磨蹭是因为他对一件事情的兴趣比较大，在慢慢地研究。有时候，孩子磨蹭是因为他想挑战父母，想看看父母的反应。有时候，孩子磨蹭仅仅因为他觉得有些事情他想慢慢做。

有时候，我问自己我为什么着急，原因自然是为了孩子好。那么什么才是真的为了孩子好呢？难道在我催促命令下的快动作，就真的是为了孩子好吗？

不是的，孩子内心里不情愿做的事情，即使因为害怕你发火去做了，内心里还是抗拒并且会产生负面的效果。比如说，为了达到目的，过程就马马虎虎，当然最终的后果就会差强人意。所以，家长面对孩子的磨蹭，急是最无效的方法。

磨蹭从另一个方面来讲，对磨练孩子的性格起到一定的助推作用。因为孩子的磨蹭，我们可以看到孩子性格上一些缺点，也可以发现他的喜好。所以，有效地对待磨蹭，就是要把磨蹭的每一件事情都分解开来，点对点地处理，这样才会把磨蹭转变成完善孩子性格的推动力。

如何分解磨蹭？

就拿豪豪刷牙这件事来说吧。豪豪因为上下午课，加上之前牙医告诉豪豪，早上先吃饭后刷牙对牙齿有更好的保护。曾经有一段时间，豪豪起床的第一件事情就是自己冲到楼下吃早饭。问题就出来了，我并不反对先吃饭后刷牙。但是往往他吃完了饭，就喜欢做一些别的事情，比如画画、做作业或者看书。总之，他一定会等到我催促了才去刷牙、洗脸、换衣服。每次都要让我叫上好几遍。这个问题困扰了我几天。

有关晚上临睡前，我特别地找他谈过，到底是什么原因呢？他只是说，我们还有时间呀。这让我明白了他对时间观念的模糊，凡事都可以留到最后一分钟去做。他对刷牙、洗脸、穿衣服没有自我的要求。对他认为的小事情、简单的事情马马虎虎，并不会认真对待。其实这点很糟糕，人生本来就是由无数件小事情组成，而一个人若是欠缺了认真二字，就会是性格上最大的缺点。

意识到这个问题之后，我开始给他灌输时间观念。让他明白同一件事情，花五分钟去做和花十分钟去做，会有什么差别。除了在吃饭、做作业上控制他的时间，平常我也会让他自己看着时间，掌握好时间。比如说，吃饭一般只给半个小时，从他坐在饭桌上开始，我就会让他先看时钟，告诉我现在几点钟，然后我告诉他一个时间点，到了这个时间，我会收了食物。收拾书包我给他五分钟，另外再给两分钟自己检查。做作业，老师说十分钟，我也只让他做十分钟，十分钟结束后，不管做了多少作业，我会让他把作业收拾了。总之，他日常的每一件事情，我都会给固定的时间。

经过几次吃不饱饭，漏掉学校点心之后，他的时间观念明显好了很多。其实豪豪刷牙的动作很快，我规定他刷牙、洗脸五分钟，他通常两分钟就解决了。检查他的牙刷时，还能发现残留下来的牙膏。这很显然是不认真造成的。刷牙、洗脸是一个长期要坚持的习惯，就不能急了。面对这个事情，我反倒是更喜欢认真一些，磨蹭一些。我会给他一个要求，针对他喜欢用牙线的这个爱好，我告诉他，在用牙线之前，我要看到牙刷上没有残留的牙膏痕迹。因为我的认真检查，他确实每次都不再偷懒，刷牙的好习惯算是养成了。因为他喜欢玩牙线，这对牙齿的保护并没有什么不好，我在训练时间观念的时候，给足他十分钟慢慢研究。

豪豪的磨蹭还表现在玩心重，比如说洗澡的时间到了，水已经开了，他还在那里慢慢地脱衣服，丢着衣服玩。这时候我就会把水关了，然后问他，你需要几分钟才能把衣服脱完？我要他给我一个具体时间。然后设定好时间，等到时间到了，我再去开水让他洗澡。这个时间也不是他随便说说就可以的，我们是要协商的，协商到一个我们双方都可以接受的时间。开始他还比较兴奋地慢慢玩，到后来他也玩厌了丢衣服的游戏，以后在这方面他也就不磨蹭了。

有一次，豪豪因为来不及穿鞋子，而我已经出门，他看到后就开始着急地哭泣，一直说让我等一下他。我把闹钟放在他前面，告诉他，我们说好这个时间要出门的，对不起，你就这么上学去吧。我告诉豪豪，有些事情你可以慢慢来，但是我不会因为你的慢慢来而影响我的安排。我会事先告诉你，我的时间安排，你临到最后一秒要我等你，那就不行了。那天，豪豪只能匆忙地拖着鞋子到学校门口才穿好。

孩子磨蹭的时候，把磨蹭的事情分开来看，找到原因，分别对待，不要一棒子打杀一片。可以磨蹭的时候，尽管给孩子足够的时间放任孩子磨蹭去研究去探索。在时间观念上，要让孩子养成自我安排时间的习惯，如果要配合其他人，那就要严格执行，人和事，不会因为你的拖延而改变的。

赶走孩子的"小磨蹭"有妙招

孩子在五岁之前，无论是性格还是习惯，都是可以被影响被塑造的。这几天，群里的妈妈们频繁地问我，关于孩子做事情动作慢的问题。每一个孩子或多或少都会在不同的年龄层表现出拖拉的行为。做事情磨蹭其实对每一个人来说，在某一些事情上都是会发生的。

我的朋友有个女儿，从小就很磨蹭，现在到了上初中，还是很磨蹭。我的朋友为此没有少生气，用过很多方法，效果都不明显。当孩子到了初中这个年龄，很多习惯都已经形成了，要根治会很困难。所以我说在孩子五岁之前，当我们发现孩子有这个倾向的时候，就可以温柔地把这个火头灭了。当然如果孩子只是在他不喜欢的事情上磨蹭，那么这和孩子的习惯没有太大关系，谁对自己不喜欢的事情都会不情愿。

当我们发现，孩子在做任何事情时都是慢性子，那就要引起注意了。当孩子发现自己慢慢做事情的效果比快速做事情的效果好的时候，就会倾向于慢慢做来达到自己的完美标准。任何事情都有一个轻重缓急，我们要先分析孩子为什么会变成慢性子，变成小拖拉。

如果说是为了"慢功出细活"，那么我们该埋怨该指责他吗？如果说是因为慢点做事情可以拖延时间，我们又该怎么教育呢？如果说是孩子不喜欢的事情,他就会拖拉,我们又该怎么办呢?还是说,孩子本身就是慢性子,做事情就喜欢拖拉。

教育孩子和医生给病人看病其实是一个道理,要对症下药,才能药到病除。

首先要了解和分析孩子变成小拖拉的原因,为什么她喜欢磨蹭?孩子是从什么时候开始喜欢磨蹭的?孩子是在什么问题上磨蹭的?

第一,用言语和自己的参与调动孩子的积极性。

大部分孩子都不喜欢收拾玩具,不喜欢听到你说"这样不行,那样不可以",遇到这样的事情发生,孩子会变得磨蹭,也会变得急躁。我之前说过,换一种说话方式就会有不同的效果。这是一条屡试不爽的话语。

我们看到孩子慢吞吞心不甘情不愿地在收拾玩具,就可以和他一起玩一场收拾玩具的比赛。当孩子因为你的拒绝而不情愿地执行你的命令时,看着孩子磨蹭的样子,我们可以用一些他喜欢的事情作为利诱的道具,让他快速地收拾完,然后履行你的承诺,让他开心地玩耍。我们也可以教他用唱歌游戏的方式把收拾当作是一种快乐的游戏,让他积极行动起来。

第二,培养孩子有时间的观念。

每天和孩子待在一起,看时间的机会可以说很多。有多少家长会习惯地看着闹钟、手机的时间或者手表对孩子说,现在是几点钟,我们玩了几分钟了,等等。我自己也很惭愧地说,我也做得不够,基本上只有在孩子看电视的时候,我会让他了解时间观念,其他的时间我也忽略了。

时间观念是生活的一部分,我们应该及早地在日常生活中以及亲子活动中提醒并且引导孩子掌握时间观念。有的时候,或许只是一个不经意的看表动作,让孩子对时针秒针产生浓厚兴趣,这也可以教给孩子初步的数字概念。多让孩子知道他玩的时间、吃饭的时间、看书的时间、洗澡的时间,让她自己看时间,让他自己在不经意中掌握时间观念。

第三,反其道而行之,给他磨蹭的机会和足够的时间。

朋友曾经这么和我说,她的女儿梳头会看来看去,起码要磨蹭五分钟才梳完。类似于这样的就是孩子爱完美的体现，其实并不是坏事，她会执著地一直到自己满意，这份坚持也不是人人都有的。所以和孩子对话的时候，首先要看到事件背后好的一面，加以表扬，然后找周末的早晨，自己示范给她看，让她来评价你梳头的技术，从中知道她想要的结果。根据这个最后她满意的结果，教她怎么样又快又好的方法。

我会说，面对这种情况，在大人不在的情况下，孩子会磨蹭得更多。所以最好的方法就是找一个放松的周末，给她无尽的时间，让她磨蹭个够。可以花上几个周末，就让她有足够多的时间梳头，而我们也不催她。要记住孩子的耐心是有限的，坚持度也是有限的。重复做着同一件事情，就算再有兴趣，也会慢慢地觉得梳头没有这么有意思了，慢慢地也就动作快了。

第四，事先安排好活动，过了时间就取消下一个行动。

把一些你认为她比较磨蹭的事情排在两个她有兴趣的事情当中，或者就是开始是磨蹭的事情，后面加她喜欢的活动，并且要给孩子重点强调那个有趣的事情是在磨蹭事情的后面，而且过了时间就会取消这个节目，这样也会间接地意识到自己动作太慢而错过了。接下去把这个有趣的活动后面排上一个她喜欢磨蹭的事情，在时间表里要不停地这样循环，看看孩子到第几个开始不会错过好的节目，动作会开始快起来。

在对待孩子的问题上，我从来都觉得与其打骂，不如我们自己动脑筋想想办法，一来可以避免我们和孩子之间的不愉快，二来可以让我们不用伤肝上火，三来可以让孩子在没有责备的过程中顺利地赶走这些小磨蹭。我一直认定，教育方法要循序渐进，而不是强制要求。让孩子在不知不觉中养成好习惯，不是更好吗？

不断挑战，激发孩子的潜能

曾经看到过这么一句话，大致是说我们现在只使用了大脑1%的能力。现在很多父母都知道人的潜能是巨大的，所以才有了一些父母对孩子强迫式的学习，那不叫开发潜能，那叫拔苗助长。我认为每一个孩子到了一定的年龄，他的大脑发育和身体发育都会进步，那么他就能够做好一些以前不能做到的事情。

就好比说，六个月的孩子本来就不会走路，可是有些父母却要让孩子学走路，学不会就生气。四岁的孩子本来就不该识字，可是很多父母却非要孩子认识几千字，每天强化性的记忆。三岁的孩子不会做数学题很正常，却有一些父母认为那是因为没有教的原因，为此对孩子的不认真学习又是大骂又是发火。

每一个孩子的能力不同，天赋不同，也许有的孩子识字很快，他有着很强的记忆力，看一遍就可以过目不忘，那么他可能在长期的阅读中就已经潜移默化记住了几千甚至几万的字，这种天赋，不是父母强迫出来的。但是这种孩子是比例很小的。每个孩子的天赋是不同的，也许你的孩子没有超凡的记忆力，但是有着很好的理解能力，对你所解释的事情，即使是复杂的，他也可以很好地听了之后会理解。或许你的孩子有着很强的运动能力，男孩大多都有一些运动天赋。

当然，每一个孩子的潜能都是需要父母帮助推动一把，才能激发起来。我虽不赞成"拔苗助长"的激发方式，但是却提倡"温水煮蛙式"地慢慢推动孩子的潜能。那么，什么样的潜能是需要我们去帮助孩子推动的呢？

首先，我们要学会观察孩子。

父母是最为了解自己孩子的，孩子有什么地方表现得比较好，什么地方表现得不好，什么情况下孩子会有特别的举动，什么事情是孩子最大的爱好，只要父母亲在照顾孩子的日常生活中，细细地观察，就会发现自己孩子的特点。

其次，细分孩子的特点，逐点挑战。

豪豪很小的时候，我就觉得他运动挺好，当然运动好是大部分男孩共同的特点。豪豪的运动好体现在球类运动上。他对球特别地感兴趣，可以自己一个人玩很久。第一次发现他自己拿着棒子和球一起玩的时候，是他18个月的时候。第一次有人告诉我，豪豪对棒球有天赋的时候，是他两岁的生日会，一个教了十几年少年棒球队的教练说的。但是在豪豪两岁的时候，我听到很多人都同时对豪豪的各种球类运动有着赞美。但凡看过他两岁时打过篮球的都说他拍球投球的技术比很多五岁的孩子还好。

当时我就想，那送他去打篮球吧。渐渐地，我发现他的弹跳力不行，只是对球的敏感度比较好。三岁开始去上足球课，又受到了很多家长的称赞。于是，我们想豪豪应该可以玩足球吧，反正他也是很喜欢。到了今年参加完足球夏令营之后，我们又发现，他还是对球的敏感度比较好，的确很容易抢到球和踢进球门，但是他的耐力不够，要跑足一个小时还是有点困难。

最后开始分析和观察他的棒球。发球没有问题，命中率很高。接球也很不错，短跑的爆发力也很好。到目前为止，我们还是认为他最适合玩棒球，而他自己也是对棒球最有兴趣。当我们把每一种运动需要的各项能力分开来之后，就会很自然地发现，自己孩子的特长究竟在哪里，不足之处又在哪里。

再者，不断挑战，激发孩子的潜能。

最初每个人都不知道自己的潜能，只有遇上了挑战，才会激发出。孩子对自己不喜欢的东西，会产生讨厌的心理，对自己喜欢的又缺少耐心和持久力，你若是让他玩久了，说不定就会把孩子的兴趣给玩没了。

豪豪一岁才开始会自行走路，两岁多的时候，他不太喜欢坐在婴儿车上让我们推着走，喜欢自己走。于是我就觉得可以让他挑战一下自己，看看自己到底能走多久走多远。第一次，他独立走了二里路，虽然走走停停，但是坚持到底也很不错。那时候，我们突然感叹道，哦，原来他是可以的。

后来，我开始锻炼他爬山。从开始爬半山腰到爬完整座山，走完整个路途，三岁时他可以完全自己走完。但是，行走的过程是我一次又一次地让他自我挑战。开始的时候，他走到第一个斜坡后，就会开始耍赖皮，不走，要我抱，而我的做法是站在原地抱抱他，让他休息一会儿，然后鼓励他继续。接着爬第二个斜坡，如此反复了几次之后，他开始对爬山有了信心，当他在山顶看到美丽的风景之后，我让他自己玩着相机，拍下他看到的风景。之后，我要爬三个小时的山，他每次总是催促着我，我们居然两个小时就可以走完全程。

打棒球，我也是用同样的方法，每隔一段时间就让他自己增加十分钟，看看他能不能继续。或许棒球他真的特别喜欢，每次也不用我说什么，他自己就会练习。对于豪豪的跳跃能力，我纯从以后的身高上考虑，觉得常常跳的孩子还是有助于长个子。每星期我都会带着他去练习跳跃的地方玩儿，大约一个小时左右，在体操的跳床上蹦蹦跳跳。从开始的无聊，玩半小时就要走，到现在一次玩上两小时，虽说不上他有多喜欢，但是他开始找到了跳跃的不同玩法。

我想以后，学习上也可以用这样的方法。有时候，可以让他挑战一下自己，每次一点一点地增大难度，既不会让他感觉很难，又会勇于接受挑战，慢慢地，他学习的潜能也能慢慢地开发出来，对于他不擅长的部分也可以慢慢地减轻那种讨厌的程度。当孩子觉得他接受的很容易的时候，就不会有压力，反而会慢慢地培养出一种挑战自我的习惯。

人嘛，总是需要一种自我挑战的勇气，才能更好地激发自己更上一层楼。对自己有要求，愿意有进步，才能更加肯定自我，而拥有一份自信。

教孩子学会受益一生的一句话

"养育"是个很大的词,却体现在日常生活里的点点滴滴,其中很重要的一个方面就要教孩子勇于尝试,不要轻易放弃。

前段日子,我发现豪豪做事情有点急躁,而且喜欢说"I can't do it",带着疑惑我认真地观察着豪豪。观察的结果竟是豪爸爱玩的个性惹的祸,他以为他的激将法对豪豪会有用,而且他也是纯属于开玩笑才这么说的,殊不知两岁这个年龄的小人又怎么会知道什么叫激将法呢!

我对豪爸说,你也未免把你儿子看得太聪明了一些。这个时候的孩子只会很正面地接受你的信息,模仿你的说话,当他在努力地做一件事情的时候,你要是用激将法,一直对孩子说我猜你就是不行,那么孩子接收到的信息就是我不行,我不要做。以后再遇到同样一件事情或者在遇到困难的时候,他就会对自己说,我不行。

这是消极的生活态度,我问豪爸,你是想培养你儿子成为一个消极的人吗?豪爸立刻明白了过来,也发现了豪豪最近的确很喜欢说"I can't do it"这句话,自此之后就不再说了。

很久以前,曾经看过一部美国的电影,大部分内容我已经忘记了,但是有一个片断我印象很深。女主角那个还未成年的少女在机长都被害之后,从来没有开过飞机的她不得不面对死亡的选择，只有自己把飞机安全地着陆是唯一的生存方法。单凭陆地上的口头指挥，这个小女孩一直对自己说"I can do it"，最终成功地把飞机着陆，全机场的人都为她欢呼。

这就是积极的生活态度，也是在向自己的潜在能力挑战。但是，我在此文中要说的这句让孩子受益一生的话并不是这一句，而是"I can try"。

刚开始纠正豪豪的时候，我也试图用"我可以做到"来代替"我做不到"，但是他会显得很烦躁，而且他固执地跟我说，我就是做不到。有一点不得不提醒大家，要培养孩子的一个好习惯需要花费很长的时间，要毁掉一个好习惯只是弹指之间。耐心是我们唯一可以做的，孩子有反复是正常的。

每次在他说"我做不到"的时候，我就会过去教他完成他要做的事情，然后对豪豪说，你看，不是做到了吗？而且你做得很好，所以你可以做到，对不？听完我的话，豪豪变得很开心。

尽管我也很用心地扭转他的思考方式，但是那句可恶的口头禅还是没有纠正过来。后来的一段时间，我经常带他去公园玩。有一个小孩子玩的翻杆，豪豪在体操课上做过。他和教练在一起玩的时候不害怕，可是和我在一起玩的时候就不敢做，但是心里又想，嘴里喊着我做不到，手却想去抓，眼睛一直盯着。我当时就问他，你想尝试一下吗？妈妈会抓着你的，不用怕。他看着我好一会儿，才说，"豪豪 can try"？我就对豪豪说，好呀，You can try。在我的帮助下，他做到之后，我都会鼓励他一番，告诉他，你看，你做到了。他会开心重复，I did it!

直到现在，我一直训练他遇到问题的时候要说 I can try。尝试这个词相对来说，没有强迫感，对这个年龄段的小朋友来说比较容易接受。再者这个年龄我们训练他们不是要激发出他的潜能，而是要引导他正面的思考方式，毕竟他的身体局限了他的能力。所以我用了一个折衷的词汇"尝试"。任何事情你只有尝试了才能知道自己的能力所在？只要孩子学会鼓励自己去尝试，不论结果怎么样，他的思维方式都是积极的。

小朋友在接受新事物的时候，总是小心翼翼地探索，所以"尝试"这个词会让他们变得大胆一些，而且也没有压迫感。如果一直教育他说，我可以做到。那么如果他没有做到怎么办？这会不会给小小孩造成一种心理上的负担？好像我一定要做到。我觉得人不可能一直做一个赢者，对孩子更是应该这样，失败不是成功之母吗？我对豪豪的要求，只要他肯尝试就可以了，就是向挑战自己迈出了一步，结果如何我不看重，过程最重要。

如果一个孩子在做事情的时候会对自己说 I can try！我觉得那就很好了。踏出第一步最难得，这个时候我们如果教会了孩子鼓励自己去踏出第一步，接下去的路就会容易很多。在我看来，豪豪只要学会并且很好地运用这句话，就已经是受益一生了。

对孩子"说到做到"很重要

很多朋友都说为什么自己的孩子总是那么难管教,为什么孩子在家里的表现和在学校的表现相差那么大?其实这些问题都是很正常的,每一个孩子都是聪明的,他们不用教就知道看人脸色和选择可以耍赖的人。在我的家庭中,我显然是一个"坏"人,是一个狠心的妈妈。

豪豪每次不听话,豪爸的口头禅是"要不要叫妈妈来"。每次这么一说,豪豪就变乖了。豪豪最讨厌理发,那对他来说简直就是一种痛苦的折磨,豪爸是见不得豪豪的哭,便把这个光荣的任务交给了我,还美名其曰,自己是一个好父亲,不会让孩子哭泣。我自然又是那个"坏"妈妈了。

在家做个"坏"妈妈也就算了,在学校,顽皮、耍赖皮的孩子一看到我就不敢发作,朋友笑称要做一个我的面具放在那里。老实说,对别人的孩子,我真的是很耐心也很有爱心,对豪豪,有的时候我还会耐心不足地打他屁股,或者有的时候说话很重,自己过后都会后悔。有的时候也会和豪豪说对不起。

每一个孩子在每一个阶段都会有一些麻烦的症状,我都可以接受,因为这本身就是成长的必经。对孩子,我们只能见招拆招,并没有捷径可走,成长的阶段是固定的,成长的经历对我们对孩子都是一种极好的磨练。只有经历过了才会真正地懂得如何去思考。如果希望自己的孩子更优秀一些,有一件事情我们做父母的是一定要做到的，简单地说就是说到做到。

在我们家也好，在学校也好，我的 123 数数字非常灵，通常我只要数到 1，豪豪就会把我要求的事情做到。学校的小朋友几次之后在我比划手指头的时候就会停止耍赖。曾经有一段时间，豪豪几次三番地试探我，开始的时候我数 1，他就是把后面的数字数完，一直数到 10。我没有理睬他，继续我的数数字，当我数到 3 的时候，他若没有关电视机，我就会去关上电视，然后对他说，妈妈已经告诉过你，如果妈妈数到 3，你没有关电视，那么妈妈只好关电视了。如果下次你想要关电视，动作就要快点。豪豪尽管不情愿，想哭，但是很快就会关心别的事情。

说到做到，听上去很简单，做起来绝对不容易。我想这个道理很多父母都明白，但是就是实施起来很难，是不是这个理呢？要坚持说到做到，要掌握四个原则。

第一，惩罚奖励的话在说之前要给自己几秒钟的考虑时间。

要想想你说出口的话你能不能真地做到，否则就不要讲，很多妈妈喜欢说"如果你不哭，我就会给你什么什么"，或者"你不要哭，不然我就会怎么怎么样"。后面的什么和怎么样就是一个关键词，如果你说了，但是你没有做到，那么下次他闹得更凶，哭得更厉害。

第二，明确你的态度。

不要给孩子有空隙可钻，不要让他认为只要他哭闹得厉害一些，你就会同意。孩子会看大人的脸色，这点我想很多父母都明了。所以当他哭闹的时候，你的态度要很明白，让他明白你没有妥协的余地。豪豪曾经有段时间总是为了糖而哭，我并不是完全不给他吃，只是临睡前不让他吃，可是如果被他看到了就一定会要。我很明白地告诉他，临睡前不可以吃糖，那对牙齿不好，你可以继续哭，或者妈妈给你讲故事。如果你今晚不吃，妈妈就会把这颗糖留着到明天给你吃，如果你一定要今晚吃，妈妈只好把这颗糖丢掉。豪豪听完就会把眼泪一擦，我会把糖交还给他让他自己放好，留到明天吃，然后让他自己挑选故事书给我，这事情就这么过去了。

第三，要清楚孩子的个性和弱点。

说出来的话要刺激到他会在哭闹的同时还会去思考。所有的小朋友都会在他的要求得不到同意时大肆哭闹，甚至有些孩子还会哭到呕吐，因为他觉得只要他哭到呕吐，你就会妥协，他就会达到他的目的。遇到这样的情况，我只要看到他有这样的迹象，就会抱他去厕所，让他在水池边哭，要呕吐就告诉他吐在水池里，我会一直在这里陪着你，直到你吐完，哭完。同时也会在一旁唠叨，哇，谁谁谁在玩什么，那一定是他最爱玩的游戏或者是他最喜欢的玩具。当他想出去玩的时候，我就会说，不行，你不是还在哭吗？那你还要呕吐吗？这边拒绝她，这边诱惑他，他就会开始控制自己的情绪，当他完全不哭的时候，我就说，你很棒，自己不哭了，现在可以出去玩了，如果你等下还要哭，还要吐，我就会再带你来厕所，知道吗？

第四，不同的孩子要用不同的方法。

因为孩子的个性是不一样的。不同的情况要想不同的对应方针，什么孩子可以强势一些，什么孩子需要诱惑多一些，什么孩子吃软不吃硬。掌握上面的三个不变的原则，剩下的操作就要具体情况具体说了。

我很喜欢给孩子一正一反两个选择，大部分孩子刚开始的时候都会挑战你的诚信度，当他发现你真的说到做到的时候，以后就会很聪明地选择有利于他的那个选择。时间一长，连选择和多余的话都不用说，他一定会聪明地选择听你的话。这里我想说明一下，强硬的态度只适合在你确认孩子是真正耍赖的情况下，很多具体情况还是要具体对待，我们在训练孩子的同时也要照顾到孩子的心理。总之一句话，对孩子说到做到很重要。

帮助孩子跟难以相处的同龄人打交道

原本我并没有把孩子的社交放在教育的角度看待，但是现在很多妈妈们一个接一个地问我，孩子怕与人接触，心里想玩，却一定要抓着妈妈，也有人反映，孩子不爱与人打招呼，有些孩子甚至不喜欢和别的孩子一起玩。面对这些问题，怎么去解决，毕竟每个做父母的都希望自己的孩子自信，不怕生，是个小小"外交官"。

我们生活在人际关系错综的社会里，学习与人相处是每个人的必备。一个孩子无论内向还是外向，都会有不感兴趣的事情或者人，出现不合群的情况，这一点成人也避免不了，所以最先，我们对孩子的社交教育是不带有任何强迫成分的。在不强迫的大前提下，如何鼓励孩子融入社交，和小朋友打成一片，减少隔膜感呢？

豪豪在最初参加一些训练班的时候，热身操他从来不做，而且还会站在那里傻傻地发呆或者一副不知干嘛的表情。后来，我想，豪豪是一个比较外向的孩子，通常他还不是很怕陌生人。虽然他对陌生人有一定的戒备心，但是他还是属于很快就会和人熟络的那类孩子。

同时我也观察到，他的这种情况是分地方、分对象、分情况的，比如说他对待体操课、篮球课、足球课的热身操的态度就不一样。原因很简单，体操课教练一直都是年轻的女孩子，热身操也是一板一眼，所以他根本提不起兴趣。篮球课，教练原本就是他的棒球助教，而且篮球的热身操开始就是让孩子自己打球跑步。所以对好动的他来说，是有很大的吸引力的。足球课，教练一男一女，虽然他们开始也是让孩子自己踢球，但是他们一般都是先做操然后跑动，所以豪豪也会相对无趣一点。

他的这种行为，其实和社交的心理有着很大的关联。因为小朋友都不熟悉。老师也不熟悉。每一类上课的方式都不一样，需要时间适应。本能的对新环境的紧张和戒备心理。

分析了原因，就要找到方法来解决。对豪豪做热身操的事情，我做了三件事情，对他非常的有帮助，至少可以说，只要是我陪他上课，我只需要坐在那里，什么也不说什么也不做，他都会很快和老师和同学打成一片。有时候，我走开打个电话，他也不会着急，一样是按照老师的指示去做。

其实引导孩子融入社交并不是那么难！

第一步，提早时间接触新环境。

无论谁，我们都应该给予自己和孩子一个相对的适应时间。环境是我们适应的第一步，一个熟悉的环境会打消孩子心中的顾虑，加快他融入社交的心理。也许有人问，如果是在自己家里呢？在自己家中，没有环境的困扰，就算有陌生的朋友到来，孩子不爱打招呼或者不理睬客人，我们家长就要做好引导。

第二步，带着孩子和每一个陌生的人，包括老师和同学甚至家长做一个简短的自我介绍。

我其实很习惯，每一次见到一个新的小朋友，会主动地伸出手和小朋友以及家长问好。比如代孩子说，你好，我是豪豪，很高兴认识你。篮球课上，我主动地带着豪豪和我们看到的每一个小朋友都问了好，握了手。这样一来，不仅会让孩子觉得很好玩，也学会了一种礼貌，除此之外，也会把陌生的那层隔阂无形中消除。

第三步，陪着孩子和大家一起玩。

体操课上因为不准家长下场陪伴，所以豪豪两年来都不愿意做热身操。但是篮球课和足球课就没有这个规定，在开始的两节课上，我都是把自己当成学生中的一员，和豪豪排队在一起，陪着他一起跟着老师做。豪豪的情绪就变得很放松，很快就跟上了热身操的节奏。两节课后，第三节课我尝试着没有跟着，他好像也无所谓，很自然地跟着老师一起做热身操了。

无论在哪个环境里，只要身边有着陌生人，孩子的情绪都会成自然紧张的状态。但是同样地，只要我们陪着他，把自己当作是和孩子同等大小的朋友，先融入这个有陌生人的社交环境中，孩子自然是有样学样，同时也会让孩子感受到轻松，完全不会因为陌生人和陌生环境而产生拘束感。

事实上，让孩子融入社交，并没有我们想象中的那样难做。不要去考虑太多关于孩子是不是性格内向，或者这个孩子是不是瞧不起别人，等等，孩子就是孩子，别用我们大人的思维模式去定义和冠给孩子一个名称。无论遇到孩子的什么问题，我们首先要考虑的就是反省我们自身，而不是去找孩子的原因。

对治孩子粗心有妙招

某一天，突然发现豪豪的粗心，明明作业本就在他面前的一堆纸中，可是他偏偏来回翻了很多次都没有办法找到，最后急急地来找我帮忙。还有一次，他需要还从老师处借来的阅读书，书就压在了书包的下面，他翻遍了他的书柜，愣是没有检查书包的范围，急得他还是叫妈妈。最有趣的一次是，他要找一张纸条，寻寻觅觅了许久，在家中跑上跑下，最后我一看，纸条就在他手背上贴着呢。

这样的小事情频频发生之后，我发现我平时的教育忽略了对治他的粗心。以前，我并没有特别的在意，或许这种粗心由来已久。只是以前很少需要他自己去寻找什么东西，上学后，他的东西渐渐多了，加上把整理的任务交还给他之后，东西就乱乱地摆放着，就变得要经常找东西。于是，豪豪的缺点就一一暴露出来，粗心就是其中一个。

既然发现了问题，自然是要找解决的方法。

首先，玩一玩游戏培养孩子的敏锐观察力。

我找了豪豪的一些袜子，从颜色鲜艳的袜子开始，和豪豪玩找袜子的游戏。最早，我把红色的袜子放在豪豪的书桌上，夹在他的书本里，让他找出来，然后我用浅色的袜子，如白色夹在白纸中，或者用黑色的袜子夹在他的黑色文件夹中。等他渐渐找习惯了，不再能难倒他的时候，加大难度，把袜子藏在他的房间里，先指定一个地方让他找，然后慢慢扩大范围。很多时候，我都会放在他的眼皮底下，让他自己学会找东西。差不多一个星期我会和他玩2-3次这样的游戏。

游戏本身就比较容易被孩子喜欢，有时候换个东西藏藏，也会锻炼孩子不同的观察力。我还会很坏地把孩子写好的作业藏在打印机的装纸箱中，现在偶尔的使坏也很难难倒他。我觉得孩子拥有敏锐的观察力是很重要的，偶尔看到的一些细节，可以帮助孩子更早地获得信息。现在有很多职业都是需要敏锐的观察力为基础的。

再者，利用最原始的"找不同"的游戏锻炼孩子的记忆力。

开始的时候，我仅仅只是找了一些孩子的"找不同"的游戏书本，让豪豪做着玩，每天就玩一两幅图画。后来，他每次问我要手机玩的时候，我也会把较难一点的图片游戏给他玩一下，大约几分钟，然后他可以选择他要玩的游戏。后来，我觉得仅仅这么找不同缺乏立体感，我就会开始让他记住最先书本摆放的位置和秩序，然后五分钟后，我重新摆放，变动一下，甚至有时候我根本就不变动，让他告诉我变化在哪里。我在他的房间里玩着各种随意摆放的游戏，让他自己发现房间里有了什么变化，然后我就会问他，你怎么知道这东西原来没有呀？他就会告诉我，这里原来是放什么东西的。当游戏开始玩的有意思之后，我又开始把变化变得更多一些，会同时让他找5-10个不同，这和书本上的找不同有很大的区别，不是单看观察力，更多的是记忆力。

每个孩子的记忆力都有很大的不同，有些人善于记数字，有些人善于记文字，有些人善于记方位，有些人善于记英文字母或者拼音之类。就如金庸笔下黄药师的老婆，也就是黄蓉的母亲，就有过目不忘的本事。这就是超强记忆力的好处了，这样的天赋不是每个人都会拥有，但是，先天不足，后天可以弥补，记忆力是需要锻炼的。如果孩子的记忆力锻炼好了，就会记得我要找的东西原本是放在哪里的，那找起来就很容易了。

最后，做少量的功课培养孩子的认真态度。

有些粗心来自于孩子的不认真，就拿我小时候挨批来说，其实准确地说是不认真。比如说明明答案是 10，我会少写一个零，题目是肯定会做，但是答案错误，老师就会觉得你肯定是粗心，漏写了。实则是不认真，还没有写完这道题，眼睛就已经飘走了，看下面的题去了。妈妈每次都说我："做一道题就答对一道题，比你做完整张试卷，错一半要有意义得多。"后来，即使我只做半张试卷，成绩很差，但是答案正确率高，她都会表扬我。这让我以后考试的时候，都会先挑选有把握的题目做完，然后再答自己不能确定的题目，这招确实帮助我考试上认真了许多。

对豪豪，我也这么认为，功课不需要写得多，如果没有心思写的时候，我宁可让他去玩。当他想做作业的时候，我就会要求他认真地对待作业，即使他只想写一个字，只用一秒的时间，我告诉他，只要这个字写得认真，就是最好的表现。五岁孩子的字未必写得漂亮，但是认真就是他对待这个字的态度。很多孩子可以很快地把老师的作业做完，但是歪扭的比划明显可以看到孩子不认真的态度。豪豪之前做作业也是这样，动作非常快，还很喜欢做。可是我总是很生气他的字写得比划不对，或者一眼看就不是认真的态度。那时候，我就会让他停止，不让他做了。等他玩够了，再问他要不要做作业，然后就说，你只能写一道题哦，唯一的要求是字的一笔一画要写得端正。

学习的认真态度对未来漫长的学习之路有很大的帮助，打好基础比他现在学到什么更为重要。如果说，他认真地把他学过的知识都记住了，即使他学得不够多，那也比马马虎虎学了一堆的东西要有用得多。

豪豪的粗心仍然需要我长期的耐心陪伴来纠正，这些看似玩乐的游戏，当初是针对他的粗心而计划，但回过来想想，这些游戏带给他的益处就不仅仅是纠正粗心而已，对他将来的生活、学习都是非常有用的脑部开发。

孩子，你是在为自己读书

当孩子到了上学的年龄，几乎所有的家长都不免会开始担心孩子的学习，我自然也不例外。无论怎么说，学习是孩子成长中最重要的事情。尽管我不认为会不会读书和成绩好坏有多大的关联，但是读书确实是让孩子增长阅历并且净化心灵的智慧之窗。一个受过教育有学识的人，说话做事依靠的是智慧，并非只有匹夫之勇。

何为会读书？其实我们在经过了几十年的校园生活多少也是明白了一点，那就是如果自己有兴趣的读物，就会废寝忘食，如果自己不喜欢的学科就会觉得难以下咽。想让孩子学会自觉读书，培养孩子对读书的兴趣是第一步。万事开头难，开头的时候切不要让功课或者难题把孩子的兴趣之路给堵上了，而是应该用趣味题、学习的快乐感去一点一点地吸引孩子，培养孩子对学习的兴趣。只要孩子一直对学习保持强烈的好奇心，就会自觉自愿地学下去。

我知道男孩在读书这点上总是比女孩更为顽皮一些，男孩通常会到少年期才会开始慢慢懂得怎么正确地对待学习，与其强迫不如放纵，重点在培养孩子对学习的自觉性。我这里的放纵自然不是指放纵孩子去玩，放纵孩子不去学习，那是误人子弟。孩子自然要玩，但也不可能耽误学习，该学习的时候还是要学习，毕竟孩子作为学生的主要事情就是上学读书。

第一，放纵孩子选择自己喜爱的科目。

每个孩子其实多少都会有些偏科，有人喜欢数学，有人喜欢语文，有人对语言很敏感，有人喜欢自然科学，有人爱好地理人文，这和每个人的家庭环境和成长环境有一定的关系。这里说的偏科是除了体育之外的学科，运动我会在最后提及。面对这样的情况，对孩子喜爱的科目，我们要放纵甚至鼓励孩子去探索去研究。从孩子爱好的一个角度去深入，就会帮助孩子从一个角挖到学习的点与面。要知道世间万物都是千绕百转地连在一起的。一个数学题就可以围绕中文、英文、地理、历史、科学，等等，那么连带着也就让孩子顺便学习了别的科目。

第二，放纵孩子安排自己的学习时间。

时间的安排会间接地影响到孩子的情绪，我们自己都有切身的体会，如果长时间去看本书，就会感觉身体不舒服，头昏眼花，即使我们很喜欢想迫不及待地看完，但是如果可以更合理地安排时间，效果会更好。让孩子学会安排自己的时间是为了孩子以后更好地掌控时间，那么现在就必须放手，我们的想法可以和他分享，但最终，他的学习时间该怎么安排还是要他自己去安排，然后从不同的安排中体会到不同结果。在这里，家长要做到完全放纵，不管孩子怎么安排都会有一个相对应的后果让他自己承受，即使他安排不做任何作业，你也要忍得，到了交作业的时候他自然不得不承受这个结果，承受后果是让孩子快速成长最好的一种方式。

第三，放纵孩子有一些不良的学习小习惯。

每一个孩子在进入学生阶段的初期，都会有一些不良的学习习惯，但往往这些不良的学习习惯会帮助他们思考，就如同有人喜欢咬着笔头思考，有人喜欢在听人说话的时候转动手指，这些习惯在我们的眼里或许是很糟糕，但是从另一个角度来说，这些习惯或许会让他们更有安定感从而更好地进行思维与创作。很多小孩刚开始都会有这样那样的不良习惯，确实不需要太过于担心，有些习惯长大后会慢慢改变。所以在引导孩子学习这条路上，千万不要为了这些不好的习惯去打扰他们的热情。记住，没有孩子是完美的，我们要分清何为重，何为轻，以读书的兴趣为重。

　　最后，我想说说孩子的玩乐。玩，确实是孩子的天性，往往也是学习的最大阻碍。和玩乐比起来，学习的兴趣都会显得不重要。但是话说回来，没有好的身体条件，没有孩子良好的性格，孩子以后的发展就会受到阻碍。所以玩是一定要让孩子玩，而且越小的孩子应该玩得越多，至于怎么玩才能做到两不相斥呢？那就要靠家长的引导了。

第四章
兴趣的培养，决定孩子的终身成就

兴趣对孩子的引导非常重要，而父母真正能帮助孩子培养兴趣的方式，是鼓励、陪伴，允许孩子用自己喜欢的方式，去探索、认识世界。

每个孩子都有自己的天赋

每一个孩子都有无可估量的天赋潜能，重要的是我们有没有去发现，去培养。

早教领域的研究和实践显示：如果孩子的天赋潜能在 7 岁以后再进行开发的话，这个潜能只能发挥出来 70% 左右，而假如拖到 12 岁才开始努力，巨大的天赋潜能就已经浪费掉了一多半了。

如今每一位父母都会焦急，怎么去找到孩子的天赋，或者说是他们在疑虑到底该怎么培养孩子。在一些名人的身上，我们已经看到了一些特殊的例子。比如米歇尔·奥巴马的服装设计师，他是一个华人，他的母亲写了一篇文章，说他从小就与别人不同，喜欢洋娃娃的这个儿子让她也曾经迷茫过、疑惑过，最后她还是决定按照孩子的意愿来培养。但是，我们也应该清楚，这个世界上成名的是少数人。当然我们育儿的不是为了他成名成家，而是让他得到健康的成长。

或许有人会说，那要是按照天赋的培养，以后找不到工作怎么办？比如说，有些人的天赋是唱歌、跳舞等，这些艺术的天赋毕竟是少数者可以成功的。但是在我看来，唱歌可以培养一个人的情操，跳舞可以增加肢体的协调性。天赋是唱歌跳舞的，以后是不是一定要培养孩子成为歌唱家、舞蹈家呢？首先我们要纠正我们的观念，要考虑到这些天赋背后会带给孩子什么样的不同。有些人的天赋是记忆力好，有些人的天赋是性格具有协调性，等等。这些天赋的培养都会对孩子今后的人生有一定的帮助。比如说，唱歌唱得好的，也许未必就在长大后可以做歌星，但是他在长期的唱歌培养中，除了锻炼了他的嗓音学会了换气的技巧，在以后的工作中也会因为唱歌的这个特长而得到一些工作机会。

也许你觉得这些都只能是业余爱好，不能重点培养。当然了，孩子成长路上的学业是不能被抛弃的，这自然是孩子成长中的重点。一个人就算歌唱得再好，若缺乏自身修养，我相信也不会得到大家的认可和尊重。业余爱好和重点培养的共通性和区别又在哪里呢？

孩子的成长离不开基础的学业教育，就算是天才也不能避免基础教育的学习。我所说的共通性就是说，天赋既可以是一种业余爱好，也可以成为重点培养的点，这既不矛盾也不冲突。主修弹钢琴的那些人必定也是学习过学业教育的，他们不会因为父母发现了他们学习钢琴的天赋而一生只学习了钢琴。更多的人是在长期的学习培养过程中，选择了主修钢琴。我想没有哪一个父母在孩子幼年的时候就会说，你以后一定要成为钢琴家，你只能学钢琴，别的都不要管。

现在很多父母亲都会培养孩子几个业余爱好，但是我主张业余爱好也要选择孩子喜欢并且擅长的事情。重点是培养孩子的天赋，让他在天赋的积极培养和快速学习中感受到学习的快乐，同时也可以促进他对自己的长项进行深入地学习。对每一个人来说，道德品行教育是第一位，其次是基础知识的学业教育，再者才是特殊才艺的教育。

在豪豪 1 岁的时候，我就发现了他在运动上的优势，最明显的就是棒球。但是到目前为止，我都没有特别地训练他的棒球，只是把棒球和其他一些运动项目一样让他学习，除了想肯定我自己的观察之外，还有一点就是让他自己体会多样才艺后找到自己的兴趣，同时也为了给他以后天赋的培养打好基础。

我从来没有想过有一天，豪豪会成为一名棒球运动员。我目前可以想到的就是，他具有打棒球的天赋，我会尽我最大的努力培养他，帮助他坚持这个天赋。我也没有去想这个天赋的培养会给他以后的职业生涯带来怎样的利弊，但是我目前唯一知道的就是，我不能放弃他的天赋培养，因为孩子的黄金培养期过去了就不再回来，我不会因为他打棒球以后可能会找不到工作而放弃培养，转而让他去学什么以后可以找到饭碗的别的事情。

我觉得要根据孩子的兴趣爱好来培养孩子。我们爱孩子，就应该让孩子在快乐中成长，而不是想到孩子的未来而强迫孩子学习一些他不喜欢的东西。孩子的将来是怎么样的，我们是没有办法控制的。我们小的时候，我们的父母亲会看到有电脑的未来会发展到今天的这个状态吗？那个时候，我们连电视都觉得神奇，那个时候的电影演员能成为现在大家都羡慕的人吗？所以我们不要拿未来的发展来培养孩子。你永远都不会知道未来你的孩子会成为什么样的人，但是你可以做到，现在让你的孩子快乐地成长，天赋得到肯定。

每一个时代都有每个时代的责任和义务，孩子将来如何来养活自己，也不是我们可以做主的。现在的父母应该学会对他信任，对他慢慢地放手。

五种方法帮你找到孩子的天赋

孩子的很多才能需要在特定的时期得到环境的支持,才能获得发展,错过了这个时期就会影响其发展,甚至失去发展的可能。

我想最令父母困惑的是,如何才能发现自己家孩子的天赋,似乎没有了专业的眼光和一些衡量的准则就很难确认天赋之所在。事实上,并没有这么复杂。天赋的发掘并没有所谓的标准测试。你需要做的事情就是观察,观察孩子的日常行为,观察孩子的活动喜好,观察孩子的专注力,观察孩子对事物的瞬间反应等。

作为父母,我又何尝不知作为父母内心里的那份渴望,希望自己的孩子能够在某一个领域获得成功。这大概是所有父母对孩子的期盼,我们希望孩子可以选择一件他自己钟爱的事情去发展,只有在自己喜爱的事情上努力才能激发天赋的无限潜力。

作为父母,应该怎么去观察孩子的天赋呢?

1. 观察孩子平日里的玩耍

有些孩子喜欢和朋友一起玩,有些孩子却喜欢自己一个人玩,有些孩子喜欢一群人玩,这些都是不同的。有些孩子喜欢到处跑跳,有些孩子喜欢安静地坐下来,比如说玩沙子,有的孩子喜欢搬沙子的过程,有的孩子就喜欢坐那里研究怎么堆，还有的孩子喜欢装饰或者玩出不一样的花样。即便是一个简单的游戏，你也可以发现孩子的偏好是什么。

2. 观察到他们真正的选择

好像现在全世界的孩子都在学音乐，都在学钢琴，很多父母都认为学钢琴是艺术的启蒙教育。也许你在孩子小的时候看到过孩子因为听到音乐就开始摇摆，看到钢琴就跑过去乱弹。你或许会认为我的孩子是不是喜欢钢琴呢？于是送孩子去学钢琴，这种判断是错误的。大部分孩子都是喜欢音乐的，但是他的天赋到底在音乐的哪一个方面呢？或许他喜欢的是打鼓，喜欢的是唱歌，喜欢的是吉他。所以你更应该做的是把孩子丢进一些不同的集体音乐班，然后观察你的孩子会在哪一个行为上或者说哪一种乐器上停留的时间最长，观察他的脸部表情是否全程都是开心的，你才能确定他是否真的喜欢。

3. 验证他兴趣所在的细节

当你找到孩子的兴趣之后，还需要做进一步的验证。通过验证来找到孩子在兴趣之上的一些细节上的天赋，孩子并不会无缘无故地去喜欢一件事情，并且不厌其烦地去做他喜欢的事情。这当中肯定是他找到了他的兴趣所在，到底是哪些细节上的东西让他喜欢呢？大部分父母都喜欢把兴趣或者天赋归纳为几个大类，好比运动、音乐、阅读等。这是一种大类上的分别，但是天赋都是要具体到细节的。在孩子兴趣的事情上，通过不同的方法，甚至用游戏的方法去验证他对这个兴趣更多着重在哪个方面。比如说打鼓，是对节奏感的敏感，还是对打鼓的击打充满好奇。

4. 鼓励他追求自己的兴趣，而非限制

有时候我们会觉得孩子做很多事情就是在浪费时间，比如说放学后不做作业，而是在笔记本上涂抹乱画，而你在这时候限制他，甚至斥责他在浪费时间，这种行为无形中会让孩子停止他的创造性。因为在孩子乱画的时候，他正是在创造，这并非是一种浪费时间。我们意识到天赋是以多种形式而存在的，并非仅仅只是运动或者音乐，还有其他的天赋，比如创造性、想象力等。作业固然重要，但通过孩子的玩乐也能很好地发现他的天赋。教会孩子合理地安排自己的时间比限制更为有用。

5. 忘记"我"的存在

很多父母总觉得自己擅长什么，就以为孩子会继承，总喜欢在自我的基础上去培养孩子去做什么。请忘记自己的喜好，不要带任何偏见，更不要先入为主。孩子就是孩子，他是他，你是你，千万不要因为别人都在学什么，而我的孩子没有学而遗憾。好像学钢琴这样，周围的朋友都学习了，如果我的孩子没有学习，会不会少了点什么？不，就算孩子的生命中没有了音乐又能怎么样呢？放任你的孩子去追求自己的兴趣，才是最正确的选择。

天赋来源于孩子对事物有着迷一样的兴趣，只要我们尽量地给孩子更多的自由，更多的选择，更多的鼓励，那么孩子就一定会找到他最终的所爱，并激发出他天赋的最大潜能。

让孩子学艺之旅变轻松

看到很多妈妈都提出了一个难题,帮孩子报了学艺班,孩子不喜欢或者刚开始的时候喜欢,后来就不愿意学了,这种情况怎么办呢?中途放弃,一则浪费了钱,二则这会不会影响孩子以后的选择。不放弃吧,孩子又反抗得厉害,怎么威胁怎么引诱都没有用。

近段时间,我越发地发现自己在这方面也有着焦躁。一是钢琴课,他有着很强的兴趣,却不认真对待。二是武术课,他一直强调想去英文教练的那家武馆,但是我经过多次衡量和思考,最终还是给他选择了中文教练的中国武馆。他开始的时候有点不能适应。

我给他选择的钢琴课其实是很有趣味性的钢琴课,不同于一般的钢琴课,教的东西很少,但是唱唱跳跳地和键盘做朋友。他很喜欢上课,对老师提出的要求也可以很好地接受和完成。唯一的问题是,同一首歌只要弹过两遍之后,他就不愿意再弹了,剩下的时间就是在捣乱。我观察了一下,别的孩子也都差不多。这个年龄是不可能端正地坐在那里好好地弹琴的。在这方面,我就一再地调整自己的心态。其实钢琴课不是我想让他上的,而是他自己很喜欢上。所以说兴趣是足够的,只是缺少认真的态度。而我认为学艺最关键的就是认真的态度。

所以我现在在钢琴课上放慢速度,因为保持他的热情还是最关键的。回到家，他愿意练习，我就陪着，不愿意就算了，我也不勉强。不然也只是我急躁，而我的急躁也无济于事。何况这么小本来也没有必要开始上钢琴课，不过是他喜欢我不想让他失望罢了。

再说功夫课，他也是很喜欢打打闹闹的。从开始对中文武术馆的不喜欢和各种闹别扭，我都一直耐心地告诉他："你就去试试，要是试过五次之后，你还是说要去英文的，那我们就去英文的。"有了这个约定之后，他就愿意去了。其实我是一次交了三个月的学费。我就是和自己打了一个赌，豪豪一定会喜欢我的选择。

开始的时候，我只是完全让他去玩，回家我也绝口不提练习。就连别的妈妈和教练都劝说我，应该让豪豪回家练习，我还是一笑而过。我的想法很简单，只要豪豪喜欢上这家武馆，不闹脾气我就算成功。后来，豪豪开始学习了功夫课，他愿意听师傅的话，尽管这个时候他学习不是很认真，但是我觉得这是一个很大的进步。渐渐地，他很想考等级。他总是问我，什么时候能考白带呢？我说，你觉得打得好了，师傅说你可以考级了就可以了。你觉得你现在打得好吗？他大概是自己意识到了问题，开始认真练习了几次，也会主动要求在家练习，我就很热情地陪着他一起学功夫。

等到报了名考级的时候，我的心态出现了问题，我开始变得急躁，总担心他不好好练习会考不过。我总是想尽办法抓紧时间让他多练习一遍。有时候他也很配合我，可是我渐渐地发现我的心态当真不好。有一天，我突然想，他才四岁，不好好练习无非是再考一次，有什么大不了。我为什么要急躁，我为什么要逼他？我开始不断地催眠自己，只要孩子喜欢玩就好，别的不管。

后来，我就真的调整了心态。我每次都会问他，你想和妈妈一起练习吗？他要是说不愿意，我就作罢。我自己反倒挺有兴趣练习，觉得很锻炼身体。有时候也会在他玩的时候自己打上几遍，偶尔他就会跑过来，指点我一番，慢慢地，他会说，妈妈，你这个做错了，不是这样的，然后他开始以身示范。

考级的那天，他表现得出乎我意料，比之前我看过的任何一次都好。动作完整利落，最后拿了一个很高的分数，一点也不怯场，更没有害怕。那一刻，我突然领悟道，其实他并非不用心，也不是不认真，只是同一套动作他还没有这么大的耐心反复地做上无数次。他会厌烦同一个动作，他会希望把一个动作换成另外一种搞笑的做法。

原来，我一直错了。之前，我一直和他强调，做事情要不不做，要做就认真做。即使你只认真做一次也比你玩上十次的不认真要好得多。我的这个想法和教育都没有错，错的是我把豪豪当成了十岁的大孩子。

我想我的这句话要等到他再大几岁，能听明白的时候说会更有效果。下个月，他要考黄带，时间上比较急促，不过这次我不再着急。我只是把老师教的动作都用视频录了下来。有时候我们俩在一起，我会问他，要不要看师傅的视频。他会很高兴地看，看不到一半就会自己拿起扇子去练习。练一会儿就会开始玩。我也随便他，或者就干脆找别的事情让他做。再不然就是我自己在他身边认真地练习，也不理他怎么玩闹。而事实上，我渐渐发现，这样的方法反而让他增加了学习武术的兴趣和热情，他现在动不动就会自己在一旁练习，不然就是玩着玩着突然做几个武术动作。我知道他是彻底爱上武术了。

我想采用间接引导和以身作则的方法会比直接训斥或者命令式的要求要好得多。我不喜欢对豪豪太严厉，我希望能够从他的角度去想他的问题，从他的出发点去思考他的问题去解决他的问题。其实考级也好，功名也好，金钱也好，这些在学艺的路上都不要想得太多，逼迫出来的努力以及成就都会给孩子带来一定的心理压力。

我希望豪豪是一个心理健康快乐的孩子，这点才是我最终的愿望。同样，我依然引导豪豪坚持他的兴趣，坚持把武术练到最后。轻易放弃不是一个好的习惯，但是我的坚持不会加上逼迫，不会有生气，更不会让孩子与我对此不高兴。我也不会对孩子说：“要是不想学，就不学了，下次就不去了。”

总结得出，让孩子坚持学艺遵从三点就好。

其一，父母的心态要端正，不要急躁，不要有面子问题。

其二，多参与，以培养兴趣保持热情为主，不要强迫学习。

其三，多鼓励引导他自愿练习，方法为主，不要以家长的威严让孩子就范。

最后，我想说，孩子学艺，不过是多一种技能，孩子能喜欢能有兴趣练自然好，有些人可能几年就可以成功，但是我们多练几年又何妨呢？只要孩子真的有心学一样技能，还能坚持到底，就是成功。所以保持孩子学艺的热情才是最关键，也是家长最需要付出心血的一个重要环节。

请温柔地对待孩子学艺的矛盾期

很奇怪，一直爱好学习功夫的豪豪突然间不想去了，你问他为什么，他也说不出所以然来。只是每到上课时间，他就会说，今天我不想去，明天我就去。我看出了他的犹豫，我知道他内心里还是喜欢功夫，一旦到了课堂上他又会变得高兴起来。可是回到家，他就会不愿意练习。

功夫的级别越来越高，动作越来越难，我已经开始跟不上，已经不知道怎么指导他了。他回家不练习，进步自然就慢了。每次回去上课的时候，就会遇到一直重复动作的教学，这让他觉得很无聊。我很清楚，豪豪是一个贪玩的孩子，又比较有自己的想法。

这种情况，在之前的游泳课也发生过，他会说，我不喜欢不想去上了。我发现，孩子其实很真实，他们对有压力的事情会自动地条件反射，会抗拒压力，只想做自己想做的。学习业余爱好，就是这样，都会有一个过程，从开始的感兴趣，到无聊，到感到压力，到想放弃，到最后又后悔。我很能理解豪豪的想法，但是却不能认同他的做法。

兴趣班的学习，最难的就是坚持！

我不想强迫孩子，尽管我不认同孩子不想去就不去的任性，但是我觉得坚持可以变得温柔一点，变得更灵活一点。我和豪豪玩心理战也不是一天两天了。在他每次找各种理由不去上功夫课的时候，我总是诱惑他去玩，把接近的考级先坚持完。然后我告诉他，圣诞节快到了，我决定大家都放假一段时间。他听了很高兴，我再也没有提到让他去功夫课。隔了几天，他突然问我："妈妈，我们怎么不去上功夫课了？"我答："你不是不喜欢去吗？"他伤心地说："不是的，我是喜欢功夫的。"我听了点点头，只答了一个字："哦。"之后再也没有了下文。

隔了几天，我带着他去探望一起上功夫课的小朋友，让他坐在一旁看，他看得很高兴。回到家，对我说："妈妈，我们去上功夫课吧？"我说："豪豪，快圣诞节了，我们都放假一段时间，暂时不去功夫课了。妈妈也希望你利用这段时间想想，你还喜欢学功夫吗？"豪豪嘟着嘴，小声地嘀咕道："我喜欢功夫的。"我笑了笑，忙自己的事情去了。

这是不是叫欲擒故纵呢？学，只要他愿意我肯定支持，但是我希望他冷静一段时间。我也希望他可以坚持到底，毕竟功夫是强身健体的好运动，不为别的，就为了他有一个健康的身体，那也是值得。而且每次考级，我都可以感觉到他的努力，远比他平时练习课上动作做得要好。他就属于那种平时吊儿郎当，一旦到了 show time 的时间就会很标准。只是如果平日里没有好好练习，show time 就会出现忘记动作的事情呀，但是他却没有明白到台上一分钟，台下十年功的道理，而我也很难解释这个深奥的道理。

豪豪毕竟只有 5 岁，人生的道路仅仅开始而已，漫长的路并不需要疾走，我希望他一边走人生的路，一边欣赏路边的风景，在一步一个脚印的人生之路上想通这些大道理。学艺的路很长，甚至没有目的性，我真的不愿意逼迫他。我想他自己想通了，然后慢慢地去明白那个道理，那么以后他就会认真了。强迫的学习一定存在态度的问题，那么我又何苦浪费精力呢！

学艺之路，坚持不容易。父母亲更应该温柔地对待孩子的矛盾期！用心观察，用心去聆听孩子的真心话，这样我们才能更好地帮助孩子正确地面对学艺之路！最后想奉劝各位父母亲，学艺，首先要的就是孩子的喜爱，孩子若是不爱，果断地放弃，别浪费时间和金钱，不值得！

千万别把你的孩子培养成人造天才

一次跟朋友聊天，听朋友说她给4岁儿子报了无数个兴趣班，包含体操、钢琴、跳舞、围棋、羽毛球、游泳、骑马、中文、算术等。一打电话，她便说，我现在忙得很。孩子要读书，要上课，哪有时间玩。我以前觉得我挺会给豪豪报兴趣班的，从游泳和体操开始，还尝试过骑马课、溜冰课，等等，到现在剩下的课程有功夫和跆拳道，以及游泳、棒球、足球，也算比较忙碌的一个妈妈了。

以前，我也深思过，这样撒网式地让孩子学习好吗？而在这些课程的尝试过程中，也渐渐地领悟到有些兴趣课也只能是试试而已。反观我现在的这位朋友，她对她儿子的各门兴趣课都有着很严格的要求，要高出别人很多。我从未有过这种想法，只是抱着让孩子去体会一下的心态，看看他最终的兴趣和天赋在哪里。

要不然，也不会游泳课坚持上了五年，进步的速度和蜗牛有的一比。好在，尽管如此，我却还挺乐呵，反正迟早有一天他肯定能学会游泳，这么坚持去上课，身体素质倒是好了不少。我仔细回想了自己给豪豪报兴趣班的心态，基本上就抱着玩的心态，很多只是尝试了几堂课就停了，总觉得孩子的兴趣更多的在运动上。棒球和足球是他强烈要求去上，功夫和跆拳道是他说他喜欢的。只有游泳是我跟他说，这是生存的一种技能，我们还是要坚持学完了，学多久都没有关系，只要坚持就行。

朋友说，孩子不能输在起跑线上，现在有时间学多点，等以后上学的功课繁重了，就没有时间学这些东西了。现在，她的孩子很优秀，各方面都比同龄的孩子要突出。虽然，我们总也质疑她的教育方式会不会累坏了孩子，不过她总有她的道理。我会觉得如果孩子是个学习天才，不管学什么都轻松，一学就会，一听就懂。但是，现在更多的孩子其实是人造天才，是父母亲逼迫的优秀。孩子早期的优秀，虽然做父母的感觉很骄傲，其实到头来，并没有实质意义。

曾经有段时间，提倡莫扎特的音乐胎教法，于是大家跟风似的每天连续播放着，目的只是为了培养孩子在胎儿期就成为一个天才。然后从出生后，开始认字，学写字，不是有人洋洋得意地高呼，我的孩子认识千余字吗？再接着上多种语言班，各种兴趣班，接二连三地给孩子报名，孩子似乎没有了选择的余地。其实，我们都忽略了一件事情，我们问过孩子是否愿意吗？

上课的时间毕竟还是短暂的，上完课了不能说这个兴趣课就这样了，更多的父母需要帮助孩子把兴趣班的上课内容不断地温习、练习。在业余的时间，父母和孩子花费了几十倍的精力在回顾上课的内容。只有这样，孩子才能表现优秀呀，不然他的神速又是怎么来的呢？

一个凡事较真要强的孩子，抗压力几乎没有，若是以后遇到点事情，你让孩子怎么去处理这种负面的情绪呀？别天真地以为这个世界就我的孩子最厉害，其实人生是一个慢慢成长的过程，把一个孩子教育成人造天才，父母要花费多大的心力，要舍得多少自己的时间，要牺牲掉孩子多少快乐。每天都在面对学习，不停地学习这个，学习那个。他内心里真的不羡慕别人可以快乐地玩吗？

千万别把孩子培养成人造天才，孩子更多的是一个有着幽默头脑的小捣蛋，是一个有责任心的讲道理的小人儿，是一个看似没心没肺却总是让你感动的小贴心，是一个能让自己快乐还还能让周围人快乐的开心果。

天才与否，谁在乎呢？

画画，孩子从不喜欢到喜欢

大部分小孩从小就爱画画，可是豪豪不同，这点估计像我。我是极其没有绘画天赋的人，豪爸则相反，很爱画画，而且画的卡通人物都有模有样。豪豪偏偏像了我不似豪爸，不仅对画画没有兴趣，而且对色彩的欣赏也很单调。对画画，我真的可以说对自己很失望，而且就是很简单的线条描绘我都是混乱到不行。

自己都是如此，又怎么可以去责怪儿子呢？好在，美国的个人兴趣班大多都有免费的体验课，也算没有花费太多的冤枉钱。唯独给豪豪报了一堂颇有名堂的水彩画课，教的东西就是从基本颜色开始，全程都是用刷子刷的，那种课豪豪倒是很喜欢，但凡自己乱画，他倒是也挺爱的。

这让我想起我朋友对我的评价，从来不按照食谱做菜，总喜欢自己乱拼凑。豪豪这点明显遗传了我，喜欢无规则地玩闹。我小时候也被老师评为另类，考试喜欢从后面开始写，为此总和100分擦肩而过。豪豪的画画也是如此，但总归他喜欢上水彩画课，这已经让我很欣慰。可惜费用实在太昂贵，加上时间上很难磨合，只好作罢。

好在我喜欢带豪豪去图书馆，美国的图书馆有很多各种各样的免费兴趣班。有一个老师长年在图书馆免费教小朋友画画，开始去的时候，豪豪表现也很一般。我也不管，只当去玩玩。这个老师上课每次都会有不同的题材，不同的作品，不同的画画方式，也会有水彩画的项目。渐渐地，我发现，豪豪喜欢这个老师，他很愿意主动向这个老师请教。

于是，我真的很用心地安排豪豪能够每一次参加这个老师的画画课，对我来说，不仅离家近，而且经济上节约了很大的一笔开销，最重要的是豪豪终于可以在画画课上很用心地画画。这个老师经常去不同的图书馆，上课的时间也不同。我会先找好这个老师的上课时间表和地方，然后安排好事情，就带着豪豪跟着老师到处跑。

从单调的色彩到多彩的描绘，从不规则的形态到有点模样的自我理解图画，我觉得豪豪的画画进步很大，至少他开始爱上了画画。他会自己一个人坐在家里，看着窗外的花草发呆，然后自己画画。他会有一些很好的创意，然后画下来变成一个故事。虽然他画的东西让人很难看懂是什么，可是我觉得画画，要的不是临摹，而是有自己的灵魂。

他喜欢上了画画，喜欢安静地坐着拿着笔画着自己的想法，这已经达到了我的目的。有时候，他会把自己的画连接起来，告诉我那是一个怎样的故事。我没有想过，需要他真的把不喜欢变为喜欢。人的精力有限，他又擅长运动，所以我对他的画画要求很低。但是我知道，画画是一个心灵述说的窗口，可以让孩子安静下来思考问题。

作为母亲，我想我希望他可以从自己的画中看到内心的世界，也可以让好动的他学会安静下来，有这些就足够了。

不会玩的孩子，没有未来

俗话说："一个孩子叫，两个孩子笑，三个孩子蹦蹦跳。"爱玩是孩子的天性。玩，能促进孩子身心发育、思维发展，有利于孩子品德、情操的培养。

一直以来都听到身边很多妈妈羡慕的声音，哪个小朋友三岁就已经可以琴棋书画了，哪家的宝贝年年成绩都考第一。网上也是到处歌颂着那些小天才们，什么"五道杠"的少年，什么只拿第一的小朋友。也总是碰到很多朋友问我，打算让豪豪学点什么，我说不知道，随便，他要是愿意学，我也支持，如果他不愿意，我也不会要求。

一个人一生有几个童年？一个孩子又有多少年可以无忧无虑地去玩？玩也是一种技术，玩也是一种学习的方式，玩更是一种培养孩子抗压性的自然方式。也许我这么说，很多人不能理解，哪个家长不希望自己的孩子可以成龙成凤，样样都可以拿第一？而玩听起来是最会影响孩子学习。其实对于孩子来说，学习是学习，游戏是学习，玩也是学习。

还记得很多年前，日本曾经一而再、再而三地发生多起自杀事件，甚至有集体自杀的事件，最后他们报道得出，这群自杀的青少年大部分都是因为抵抗不住社会和学业产生的压力，他们的心里没有办法承受高压力，心理负担太多。也因为这个原因，日本推出了新的幼儿教育方法，在很多幼儿园，五岁之前的小朋友，他们不提倡教学，而是鼓励孩子尽情地玩。

为此，美国的很多幼儿园也开始这样的教学方式，我们的幼儿教育导师也开始教育我们要着重培养幼儿的心理健康，让他们从玩的快乐中学习人与人的相处之道，从玩的角度出发开发他们的脑部思维，通过玩的方式让他们自然地发挥他们的天分。很多中国家长不能认同这样的教育方式，认为孩子在那里是浪费了他们的时间，因为他们觉得他们的孩子在那里什么也没有学习到，成天就知道玩。

可是我想请问这样的家长，你最希望你的孩子得到的是什么呢？是骄傲的成绩？是羡慕的目光？还是快乐的笑容？看着孩子们的成长，我也深深地明白，孩子的脑袋是一个永远也装不满的海绵，你如果真的灌输他们一些东西，他们就会很快地吸收进去了。两岁的孩子虽然很麻烦，但是也是他们学习最快的时候，我儿子每天都给我很多不同的惊喜，让我不敢马虎对待每日玩乐中的点滴教育。

有朋友说我受了美国幼儿教育之后，有些西方化了。是的，在幼儿教育这个观点上，有一些教育的理念，我的确被西方的育儿方式给同化了，那也是因为我认可了这样的一种方式。我是一个土生土长的中国人，在中国的传统教育下长大，很多中国的传统文化在我的脑中也是根深蒂固。

然而在玩的方面，我还是愿意让儿子在他的童年里玩个痛快，让他的童年记忆充满笑声。其实玩同样也是学习的一种方式，只不过我们学习的不是那些书本上的知识，我从不强迫儿子一定要阅读，也从来不在学习上面和他争执。目前，只要他喜欢做的，喜欢玩的，我都会尽量满足他，前提是要有一个规范的标准。玩也是一种教育，而道德方面的教育是我最注重的。我从来就不指望儿子将来会成为总统或者是什么名人，他的人生之路由他自己去走，我的责任是让他做一个有爱心有责任对社会有帮助的人。

孩子的成绩好坏到底会不会影响到他的一生，我一直在考虑这个问题。每一个人都必定会有自己的优缺点，到底什么才是我们最应该教育给孩子的呢？读书是成长中必不可少的一部分，有了孩子又开始读书的我，深深地体会到读书的好处和读书带给我更多的思考方式，孩子必定是要读书的，书是我们的良伴，是我们思维的翅膀，然而，成绩是不是那么的重要呢？我想，如果是儿子喜欢的科目，我会鼓励和要求他坚持；如果是他排斥的科目，我会要求他尽自己最大的努力去学习，而不求结果。

让孩子尽情地玩吧，尽情地笑吧！因为他们的童年也只有这么几年，也只有这么几年他们才可以无忧无虑地玩。别把我们的遗憾在他们的身上去追回来，我们和孩子是两个完全不同的个体，他们有权追求他们的人生！

第五章
懂得放手,是父母成长的最高境界

世间所有的爱,都以相聚为目的,唯有亲子之间的爱,是以分离为目的。孩子每一次的长大,都是给父母的一场告别仪式。

培养孩子独立性的三个坚持

很多爸爸妈妈希望培养孩子的独立性,很怕孩子将来没有自己的独立性。在孩子很小的时候,通过让孩子自己玩,让孩子自己睡,让孩子自己吃饭,等等,来培养孩子的独立性。如果孩子粘着妈妈,或者是要妈妈陪睡,妈妈就非常担心了,生怕这会伤害孩子的独立性。那么,很多家长不禁会问,到底该怎样培养孩子的独立性呢?

抛开吃饭睡觉,我们又怎么从生活的小事情上去训练孩子的独立性呢?这就需要我们做到三个坚持。

第一个坚持,和孩子在一起的时间里所做的事情,都应该坚持让孩子和你一起做,一起承担。

比如说,我每次带豪豪去买菜买东西的时候,他要的东西或者是买给他的东西,我都会和我的物品分开来装。而他的东西就是要他自己带回家,放回他自己的房间。这不仅让他觉得自己的事情要自己做,还可以培养孩子的责任心,再者也让他增强自己的自信心。做家务的时候,我会让豪豪一起帮忙。划分一块区域给他,或者让他帮忙收拾书本、玩具之类的事情。总之,我们和他在一起做事情的时间,他应该参与进来。在我们做家务的时候,不要让他看电视或者打电脑,因为他会习惯地看着你劳动而无动于衷。

有人会说，他帮忙只是帮倒忙，还不如我自己一个人做事情来得快。这里我想告诉你一句话，辛苦一时的教导换来一生的好习惯！教孩子做事情肯定是辛苦而且烦躁的，因为他不会按常理出牌，可是正因为这样才需要我们的教导。你若不教他，只顾自己一时的方便，那么他就会从不会到不愿到最后的啃老。所以我们宁可辛苦这几年也要把孩子教会自己动手，体会到劳动的辛苦和成果的快乐。

第二个坚持，坚持培养他说一句话，那就是"自己的事情自己做"。

在中国的时候，豪豪对别人的帮忙总是固执地说，我自己来。自己的事情自己做，这本来就是很正常的事情。可是很多父母亲都觉得孩子太小，喜欢这个帮忙那个帮忙，这样帮忙，那样帮忙。每次豪豪偷懒的时候，我就会对他说，妈妈的事情妈妈自己做，豪豪的事情也应该豪豪自己做。坚持这样对他说，让他有一种意识就是自己的事情要自己做。这也是一种培养他不依赖他人的习惯。在遇到生活中的小事情的时候，我们确定孩子有能力自己完成的时候，就要鼓励他坚守他自己做事情的原则，告诉他怎么去做或者可以示范。

第三个坚持，对外界的干扰要坚持自我的教育方针。

这次回国我感受也很深，父母亲的干预、孩子的不同待遇都让我对《孟母三迁》这个故事深有体会。老人对我们这样的自我教育比较反对。当我们觉得孩子可以自己去做一件事情的时候，老人会说，算了，这么磨，还不如我自己做得好。很多时候我都发现，豪豪自己习惯做的事情到了国内就不做了，他会学着小哥哥的样子让我的父母亲帮他做。

就好比，豪豪从来都是自己走路的。刚回国的时候，和老同学去爬山，同学还担心豪豪不能爬山就一路跟着打算抱他。可是他全部自己爬上山顶并走下来。同学说，你儿子太厉害了。后来豪豪和哥哥一起出去玩，哥哥没走两步就要外公抱，豪豪看到了也要外公抱，外婆怕孩子在马路上闹会出事情，就背着豪豪。开始的时候，我还不知道。有一次出去玩的时候，豪豪看到哥哥让抱，就让我背他。我奇怪地看着他，开始说，妈妈不会背。后来他缠着外婆，这让我很生气，很严肃地说，如果你要去玩，就自己走着去，不然你就不要出去玩。豪豪很委屈地看着我，心不甘情不愿地跟着我走。

在外面旅行的几天，此类的事情发生了很多次。我内心能够感受到豪豪的那份委屈。不过后来豪豪也不再要求了，只是乖乖地拉着我的手。有的时候我也会用鼓励的方法对豪豪说，豪豪走路很厉害的，看看我们谁走得快。总之，面对这类情况，我们要用不同的方法来化解，而不是应了他的要求。

以上的三个坚持给父母亲们做一个参考，我一直觉得每一个人都应该有一个良好的生活态度，育儿也应该有一个正面积极的育儿观。无论我们的大环境是怎样的让你悲观，对孩子还是要保持一个乐观的教育，事事从孩子的未来出发，遇到任何阻碍孩子发展的事情，都应该坚持自我，因为孩子的未来和我们的教育观念息息相关。

请相信我们的孩子

总是听到有父母说:"不要这么做,不要那么做。"也总是听到父母抱怨说:"孩子小,少一眼看着都不行。"还有父母说:"孩子受到欺负了怎么办?""孩子受到了不公平的待遇怎么办?"这些话听得太多,我只想问你们一句话:"你相信你的孩子吗?"

或许你不知道该怎么回答我,但是我想告诉你们,请相信孩子!他们有着自己处理事情的能力,他们有着保护自己的能力,他们还有让我们惊讶的能力,这些能力需要的只是我们的一个相信就可以表现出来,就会运用得很好。失去了父母的信任,他们的这些能力都会一闪而过。所以,请相信我们的孩子!

从豪豪开始学走路,我就借鉴了邻居芬兰妈妈的做法,即使看到他跌倒了也只是鼓励他自己爬起来。有时候,心会痛,明明看到他趴在地上看着我,我也只会走到他的身边鼓励他说:"你可以的,起来吧。"在他开始飞快地跑步时,无数次的跌倒,无数次的站起来。记得,有一次,他跑步绊了一跤,一个典型的狗吃屎动作趴在了地上,下巴很大的一块皮肤被擦伤。其实我看到了,但是我没有走过去,反而是转过头,当作没有看到。

一个朋友在我家玩,急急忙忙地要跑过去扶正在哭泣的豪豪。我拉住了她。豪豪趴在那里哭了一下子,自己站起来跑到我身边。我紧紧地抱着他,帮他处理伤口。我只说了一句话："豪豪真勇敢。"其实，我的心很疼，痛在他身上，疼在娘心中。这点谁都一样，但是我不能去扶起他，因为我相信他自己有能力克服疼痛，自己有能力爬起来，而他的确做到了。在接下去的一段很长的时间里，他的脸上就没有干净过，不是这里擦破一块皮，就是那里跌倒出血，他的做法都是马上站起来，让我给他处理伤口。很痛的时候，他也哭，但是仅仅几分钟他就马上投入到玩乐中。

在他的足球课上，当别人大孩子推打他倒地，他的第一反应就是站起来把球踢入球门，而不是来找我哭诉。这一点让我觉得之前的教育是值得的。

豪豪两岁左右，开始表现出自己很独立很喜欢自己做事情的特征。到了三岁，他可以自己穿衣穿鞋拉拉链，甚至系鞋带。我喜欢教他做事情，但极少帮他做事情。即使上学迟到，我也宁愿等他做完自己的事情。我相信他只要有心学，就一定可以做到。

豪爸在这点上，与我的观点不同，他喜欢帮豪豪做事情。每次豪豪偷懒的时候，都是豪爸在场的时候。第一次，豪豪自己穿上外套的时候，豪爸很不相信地看着他："怎么可能？"我回击到："有什么不可能的？只要你教对方法。"豪豪很高兴，自己会穿外套了。其实他不会正常地穿外套，他穿外套的方法是另一种反向思维法。我在蒙氏的教材中学到的，的确很适合三岁的孩子学习，既简单又方便。

渐渐地，豪爸自己主动说："豪豪长大得好快，什么都会自己做了。"每次面对豪爸帮忙的时候，我告诉豪豪要大声地说："请让我自己来。"豪爸说他听到豪豪说让他自己来的时候，有一种失落的感觉。我说："请相信我们的孩子，他已经可以独立地做很多事情。"

在处理孩子们之间的矛盾时，我和豪爸都属于不参与建议的那类人。豪豪打小就和很多大孩子一起玩，他也曾经被欺负过，被打过，也打过别人，欺负过别人。以前，我也总会参与一些意见，免不了担心免不了害怕他受到欺负。渐渐地，我即使心痛也是放在心里，最多写篇文发泄一下。因为，我知道我应该相信我的儿子有自己处理事情的能力。就拿这次的足球课事件来看，他就处理得很好，表现得大方得体。我事后也是一句话也未提及孩子间的推打事情。

之前的篮球课上，有一个韩国的男孩子也这样，跑步的时候就喜欢抓着豪豪，非要自己跑在豪豪的前面。豪豪也是不管他，挣脱了就自己赶快跑。两个人就这样欢喜跑在一起，豪豪虽然总被他欺负，但是他自己不觉得这是欺负，反而觉得是一种挑战，还喜欢和他一个组。我固然心里是有点想法，不过嘴上一句话也不说。我觉得我应该尊重他自己与朋友相处的方法。我也相信他可以自己处理好与朋友之间的相处。

孩子的每一步成长，我都觉得是值得信任的。我们放手得越多，他学的就越多。我们相信他的举动，也会让他更加的自信。有时候，真的不需要从大人的角度去想一个孩子的心理，孩子反倒没有什么事情，往往是大人的心痛把事情变得复杂化。心情可以理解，但是我们还是要相信我们的孩子，他们是可以自己处理好事情、自己做好事情的！

爸爸,请你放手吧

周末带着豪豪去农场体验生活,在那个农场游乐园中,豪豪玩得不亦乐乎,我们也跟到满头大汗。豪豪在沙地上玩耍的时候,看到一些农场准备给孩子们玩的小木马和自行车之类的玩具,豪豪自然不会放过他喜欢的自行车,就在沙地上玩上了,其实他还不会骑车呢,要他老爸在后面帮忙推车才可以装模做样地滥竽充数一下。

别看豪爸这些年发胖了不少,陪儿子玩他也是一点也不计较,弯着个庞大的身躯在车后推着,而且还是在沙地上,真是难为了他,几圈下来,已经累到开始喘气。我早就找了一个阴凉的地方坐着,折腾着照相机给儿子拍照。豪爸走过来,一屁股坐到我身边说,我们俩轮流推吧!我说,不干,你要减肥,我不需要减肥。豪爸看了我一眼说,我累了,去吧,你看豪豪一个人在那里多无聊呀!

我没搭理他,用中文对豪豪说:"豪豪,自己骑吧,想玩就要学会自己骑,妈妈以前教过你的,自个儿慢慢琢磨吧,前进不行,后退总可以,对不?"豪豪的腿长早就够上可以使劲了,不过他就偷懒。看看他老爸坐在那里,又看看我坐在那里,没有人帮他,也就自己琢磨开了,先是往后退,还真是成功了。因为沙地有些高低不平,他自己在那里踩来踩去的,特别是遇到有些小下坡的地方，自行车还真是让他踩动了，开始的时候是一小段，慢慢地，还真的会骑了。老公看傻了眼，一直问我到底和豪豪说了什么，我呀，还就逗着他，怎么都不告诉他，只说，这是我们母子之间的秘密，气得他跑去问儿子，豪豪忙着练技术呢，哪里有空理睬他，看着他在那里干瞪眼，我心里还挺高兴的。

不过，豪爸也是一个好爸爸，看着豪豪在那里前前后后地练技术，就沉不住气了，跑去讨好地对豪豪说，要不要爸爸推你呀，说完就要帮忙推车，豪豪立刻停在那里，对豪爸做了一个 stop 的手势，居然冒出一句："豪豪自己来。"因为说得是中文，豪爸二丈摸不到头脑，看着我，让我翻译，我说，你就安心坐着休息吧，他要自己骑。豪爸还不相信我，说我欺负他不懂中文，又问了豪豪一遍，这下儿子用很清楚的英文告诉他：no thanks! I can do it!

看着豪爸那沮丧的表情，我忍不住哈哈大笑了起来。一直以来，我都告诉豪爸，孩子喜欢自己体会那份学习的乐趣，做父母的要学会偷懒，学会放手，他总是说豪豪还太小，怎么也不肯放手。就拿豪豪学游泳的事情来说，以前都是我带豪豪去游泳课的，在豪豪一岁半的时候，他就会戴着救生衣独立游泳，当时我们很多邻居都说豪豪很有游泳的天分，我还颇为自豪。这大半年，我因为上课的原因，把上游泳课的任务交给了豪爸，他就没有试过一次放手让豪豪自己游，现在倒是把豪豪的惰性锻炼出来了，而且开始不愿意潜入水里，只喜欢跳水、玩水，完全没有了一年前的那份勇气。我几次为了这个事情和豪爸争执，要学会放手，我们都是由专业的教练指导的，为何不能听从一下别人专业的意见。每次他都说好，却没有一次实践过。孩子越大，他的依赖心越重，我总对豪爸说，你会因为这份不忍心而磨灭了他的天分。

通过骑自行车这件事情，有天豪爸跟我说，难道我真的做错了？他怎么就会自己骑自行车了呢？我转头对儿子说，告诉你爸："爸爸，请你放手吧！"其实，I can do it 这句话也是我教豪豪说的，每一次他请求我帮助的时候，我都会看看他自己能不能做，如果他是可以的，我就会让他自己做，并且让他说这句话给自己听，想不到关键的时候还真用上了，让豪爸深深地自责了一回，看看他以后还放不放手。

宠爱绝对不是溺爱，该放手时就要放手！

让孩子做做"傻"事也无妨

我是从事幼教工作的,我是真心地喜欢孩子们,喜欢和孩子们相处在一起的那些时光,觉得那是一种简单的快乐。

当他们对我调皮的时候,我轻轻的一个手势,他们就会上演丰富表情,让我心生怜爱,不舍得责备;当他们对我依赖的时候,抓着我抱着我,让我觉得我的重要性,我喜欢这样的拥抱和逗他们笑;当他们和我玩的时候,我宁愿被他们欺负,大声放肆地笑着,那一刻我觉得人生真美好;当他们犯错误的时候,我用我独有的方法惩罚他们,他们虽表露委屈,但是以后却很少犯同一个错误,那让我有一种成就感。

看到过父母亲为了孩子做的一些小事情而大发脾气,看到过因为孩子的破坏而头痛的父母,听到过无数的父母对我抱怨说孩子的调皮,也有很多父母提出各种各样的问题。对孩子的调皮捣蛋,换一个角度去思考,就不会有生气,换一种方法去处理也许就皆大欢喜。

有些孩子喜欢做的事情,也许在大人的眼里,是一件很"傻"的事情,但是孩子就是孩子,让孩子做一些快乐的傻事,未尝不可?有些傻事一个星期至少做一次还可以帮助孩子的成长。

傻事一,让他做一次推倒积木的破坏王。

大部分孩子都是破坏王的忠实 fans，他们喜欢看到你辛苦堆砌的积木"哗啦"一声倒下，然后兴奋地大叫，他们更喜欢用了一个手指的功力就粉碎了你的努力。不妨，就让他尽情地享受一下做"破坏王"的快乐，我们不停地堆，直到他累得不再想做破坏王。

傻事二，让他在衣服上挥洒一次颜料。

每次孩子们作画的时候，大家都会把孩子们衣服保护得很好，若是看到特别的脏乱就会不高兴。孩子们玩颜料的时候，根本就顾不上干净也顾不上注意那么多细节，他们享受作画的过程，享受颜料乱飞的创作感。难道画画就只能在纸上吗？我不这么认为，衣服也是作画的好材料呀，不同的材料还会添加孩子不同的想象力、不同的画画感受，只是记住要买可清洗的颜料哦，一切都不是问题。

傻事三，让他在垃圾堆上玩耍一次。

乱丢垃圾是每一个孩子都会犯的事情，人都是有惰性的，父母也一样呀，孩子自然是一样的。随处乱丢果皮比扔到垃圾桶方便很多，为什么要丢进垃圾桶呢？他们会乘着大人不注意的时候赶紧随手丢垃圾。好吧，那就体会一下垃圾带来的感觉吧，看着眼前一团团的垃圾，孩子尽情地玩吧，打滚也可以，捡拾觉得有用的材料也可以，随你怎么玩。只是要记住，时间限定不要超过一小时，玩完后及时洗澡。

傻事四，让他尽情地玩一次水。

到了冬天，妈妈们怕孩子感冒，就会严禁孩子玩水。下雨的时候，当然不能出门了，最多可以在自家的窗台上看看下雨的感觉。可是很多孩子都想体会一下在雨中玩水的感觉。若是晴天的时候，看到有个水坑，有个水龙头滴水，他们也会很高兴地飞快跑过去。爱玩水是孩子的天性。给孩子穿个雨衣，带着他们尽情地玩一次水，放心吧，孩子的身子骨没有这么脆弱。保护的工作由我们想，玩的快乐全家人一起体会。

傻事五，让他做一次挑食王。

大部分孩子都是挑食的，无论是谁，都总有自己喜欢和不喜欢的食物。据我所知，很多孩子都不喜欢绿色的食物。有些孩子甚至挑剔到只要看到夹杂着一点绿色就会拒绝整个食物。不如来一次大家一起挑食的活动，把家中现有的食物都拿出来，摆放在一起，大家一起来挑选自己最不喜欢的食物，做一个排名，然后说说为什么。这样一来，可以让父母更加了解孩子，方便我们更有方法来解决孩子的挑食问题。

傻事六，让他做一回大人。

父母总是照顾孩子，这似乎成了一种习惯，孩子也习惯了总是处在被照顾被要求的状态，他们不能体会到我们做父母的辛苦。孩子把东西洒了，父母收拾，孩子把玩具扔得到处都是，父母收拾，孩子做错事情了，父母负责教育。换位思考一次，让孩子做一回我们的父母，我们做一回孩子的孩子。我们要的东西，请孩子帮我们拿，我们乱丢的东西请孩子帮我们收拾，我们假装生病了，孩子要照顾我们，我们做错事情了，看孩子怎么惩罚我们。我们要彻底地扮演他，让他尽情地享受做我们的父母。

冷处理孩子叛逆才是上上之策

男孩，极少极少有不调皮、不叛逆的，他们的叛逆很让父母头疼。而且很多时候，男孩的叛逆来得说风是风，说雨是雨。可能前一秒钟，他还被我们赞叹，后一秒钟，他已经把我们气得要命。最令父母头疼的是，孩子的叛逆正是你这么说，他那么做，打骂讲道理的策略一律无效。

叛逆就好像一场暴风雨，可以霎那间击毁父母内心里的花园，甚至沮丧到不知所措，怀疑自己的孩子。要知道，幼儿期的叛逆仅仅只是小儿科而已，孩子越大，自己的主意越强烈，叛逆的心越发强壮，青少年的叛逆才最令人担心。

所以，从小，我们就应该善待孩子的叛逆，冷处理孩子的叛逆，寻找到和孩子沟通的方法，帮助孩子正确地面对自己的叛逆，教育孩子学会思考自己的叛逆。

首先，父母切记不对叛逆的孩子做三件事情：

其一，在孩子调皮捣蛋时大声地训骂孩子或者打孩子来阻止孩子的叛逆。

叛逆，顾名思义，要做一些你不喜欢的事情。孩子之所以要做一些事情激怒你，一是为了挑战你，二是为了考验你的底线。就比如，带孩子在公园玩，孩子会追着别的孩子打，或者把小弟弟小妹妹弄哭，还会跟我们大声顶嘴。这时候，父母很尴尬，很无奈，很没有面子，就会习惯地以大压小的方式企图制止孩子的叛逆行为。以这种强制的方式，只会加重孩子的叛逆，并且看到的都是一时效果，反而忽略了孩子以后的变本加厉。

而正确的做法应该是冷处理。看到这种情况，父母应该理智地蹲下来和别人家孩子说对不起，起到以身作则承担责任的模范，然后抱起正在兴头上调皮的孩子去一个安静的角落，他可以在这个角落里继续他的撒泼无赖，发泄他的叛逆。只要不会妨碍别人，不会伤害任何人包括他自己，都可以容忍。如果孩子企图打父母，或者打自己，父母就要适当做一些象征性的阻止。可以用开玩笑或者游戏的方式化解孩子的悲愤。

在整个孩子发泄的过程中，我们不嘲笑孩子，不诋毁孩子，更不能训骂孩子，而是安静地用理解的心态去观察孩子，适时做出一些对应之策。

其二，用失望的话语刺激孩子的叛逆，用不恰当的词语标签孩子。

总能听到父母对正在犯错还屡教不改的孩子说，你就是一个没有出息的孩子，烂泥扶不上壁，没用的东西，我对你很失望，你怎么这么坏，再这样我就不要你了，等等。这些话可能只是父母一时的气话，一时的伤心话，却会带给孩子幼小的心灵上的伤痕。他会想，原来我在父母的心里是这样的孩子。在这些话语的背后，孩子看到的不是父母的爱，而是负面的情绪，如果父母都尚且不知道怎么管理自己的情绪，那么你又如何能教给孩子管理他的情绪呢？

孩子与父母之间有着很强的很敏感的相通讯息，你内心的悲观想法都会被孩子如海绵一般地吸附。孩子在犯错的时候，你若不知道该怎么教育，不如不说，不如默默地陪着就好。你若一开口就是消极的话语，那不如闭上嘴，让自己也冷静下来去思考该怎么让孩子明白这件事情。当孩子爆发他的叛逆时，只需要一个安静的环境，你陪着他就好，这时候说多错多，做多错多。

其三，听之任之让事情随风而去，不去正视孩子的叛逆。

有些父母很有趣，他们对孩子的叛逆行为视为可爱，对孩子欺负他人的行为视为孩子之间的正常交流。当然，我相信宠溺孩子的父母是极少数，也希望这些宠溺孩子的父母能够明白，宠溺过后的代价是可怕的。对孩子的宠溺视为教育的大忌，这比打骂教育更为严重。

每一次孩子叛逆之后，父母就觉得事情已经过去了，就可以让事情就这么随风而去。其实，在孩子犯错的当下，讲道理是最笨的方法。沟通需要的是一个技巧，每一件孩子所做的叛逆事情，父母都应该先理清自己的思路，等孩子冷静下来，不再有负面情绪的时候，再询问孩子事情发生的过程，为什么他会这么做，先铺垫给孩子一个心理的准备，让孩子先说，我们听。只有让孩子把自己的情绪理清楚了，才能正确地思考自己的做法有何差错。

在孩子说的过程中，或者对一些还不会表达自己想法的孩子，也可以让孩子用肢体语言来表达。这个沟通是画龙点睛的一笔，是教给孩子善于思考的一个时机教育。我们要尝试找到一些孩子的闪光点先肯定孩子，然后针对错误，提出更好的解决方案，让孩子知道同一件事情，只需要换一个处理方法就会有不同的结果，让孩子明白事情是多面性的。

这个时候的沟通，讲道理是最好的时机，父母不可长篇大论，而是点到为止，多给孩子一些思考的空间，只有让孩子自己想明白了，他才会正确地对待自己的叛逆，他才会慢慢地改善他的叛逆。

最后，我想说，我从不认为孩子犯错是多么可怕的事情，相反，正因为孩子的叛逆、犯错才给了我们教育的时机，只要处理得好，就是最好的教育。每一个孩子在成长的过程中，都会有不同的叛逆时期，孩子都是高智商的小人，他们理应有自己的想法，有自己的观念。而我们要做的就是肯定他们，并给出我们的意见。

只有冷处理孩子的叛逆，才是上上之策！

让孩子不再追问"爸爸去哪儿"了

　　自古以来,男女分工一直都存在。男人和女人不仅在身体特征上有着明显的不同,更是在性格思想上有着很大的差距。越来越多的教育学家研究发现,在孩子成长过程中,父亲扮演着非常重要的教育角色。特别是男孩,对父爱的渴望更加强烈。

　　人类文明发展至今,科学飞跃地进步,偶一回头,却发现家庭教育中缺失了一味元素,那就是父爱。现代的家庭生活中,不知何时起,母亲往往成了家庭教育的主要承担者,父亲更多的是外出赚钱养家,分工演变成了形式上的默契。忙碌的父亲在孩子的问题上,也是把孩子的教育问题都丢给母亲全权打理,现在孩子有一种病,称为"父爱饥渴症"。

　　男人和女人的性格不同,在对待孩子的问题上也会有一定的分歧,对孩子性格的影响也是显而易见的。很多男孩别人称为'娘娘腔',这是什么原因呢?男孩从小依赖母亲,模仿的对象以及学习的模式都来自母亲,自然而然形成很多女性的思维模式,就连举手投足间也会映射出女性的影子。

　　女人在独立的同时,个性也显得越来越强势,家庭中的事情大包大揽。有时候,男人做的事情,女人未必看得上,或者感觉很不省心,最后演变成,还不如自己做。母亲对孩子的关爱越多,就越会挑剔父亲对孩子的不细心。当然,男人的性格本来就是大大咧咧，自然有和女人不同的教育层面。

作为女人，作为母亲，我们有没有思考过，自己与孩子接触得越多，性格会变得更加的强势，脾气会越来越糟糕。孩子在每个年龄层都会出现不同的反叛状况，挑战着家长的底线。母亲过多的干预，不仅加剧自己的烦恼，也会让孩子感觉到一种无形的压力。男孩比女孩更为让人不省心。

男孩冲动，自尊心强，更为好胜。有时候，父亲的一句话远比母亲的十句话更为有效。男孩更应该多与父亲在一起，享受父爱如山的影响。男人玩起来的时候，更多的时候会流露出孩子的天性。他们会放开父亲的身份与孩子打成一片，给孩子一种朋友的感觉。在男孩的一些私事上，善于模仿的孩子，如果和父亲在一起学习如厕，以及对女孩的好奇，效果往往比母亲训练要来得容易得多，问题也会减少很多。

母亲通常比较感性，父亲通常比较理性。在处理很多社会问题上，男人理性的处理模式更容易让社会接纳。母爱和父爱始终是不同的，对孩子而言，应该同时拥有这两种爱。男孩更容易受到父亲的影响，形成男性的一些个性。同样在父亲和母亲共同爱的抚养下，我们很容易发现，男孩的性格以及行为举止都会跟随着父亲。

豪豪平时和豪爸在一起的时间算是很多，但是与我相比，还是差很多。从星期一到星期五，豪爸上班的时间，豪豪都由我照顾。下班后和周末，豪爸会主动和豪豪一起玩。如果从时间上分配，我与豪豪在一起的时间远是豪爸和豪豪在一起时间的几倍。但是我越来越明显地察觉到，豪豪的性格和生活习惯都会不自觉地模仿了豪爸，而并非我。即使有一些我认为是缺点的，豪豪也是和豪爸的表现如出一辙。

我尝试着尽量和颜悦色地和豪豪交流，豪豪也会很主动地和我谈心。但是我发现，豪豪和豪爸一起玩的时候，就好像两个大孩子，很快地融合在一起，玩得无所顾忌。好几次，我都很担心会不会出事情，但是他们玩得很开心，反而我的在场会让他们玩得没有那么痛快。那时候，我强烈地感觉到父亲与母亲对孩子的深远影响。

豪爸一般不说教，豪豪犯错的时候，豪爸很威严地说一句，豪豪就会意识到自己的错误。而我不喜欢批评豪豪，却忍不住会唠叨，会说教。豪豪有时候就会厌烦我的唠叨。有些时候，我可以感觉到豪爸和我的不同行为带给豪豪的一些不同。就比如，豪豪洗澡的时候，他只会叫爸爸帮忙，我进去的时候，他就会说："妈妈，请不要看我。"

我与豪豪打球的时候，会不自觉地说："豪豪，要这样打，你那样打姿势不对哦。"而豪爸与豪豪打球的时候，总是嬉笑着打成一片，当中听不到一句说教的话。我就经常反省自己的啰嗦。但是，如果豪豪打球赖皮或者玩得不友善，豪爸就会直接警告豪豪，让他知道事情的严重性和违反运动精神要付出的代价，而我则喜欢耐心地引导豪豪，让他意识到自己的错误。

在豪豪的教育过程中，我和豪爸不仅存在着东西方文化的教育差异，也有着男人和女人的教育差异。我之前也写过不少自己的小抱怨，但是，差异归差异，不理解归不理解，抱怨归抱怨。我都清醒地意识到一件事情，那就是母爱不能替代父爱。世界上不可能有完美的人，更不可能有完美的孩子。相比较于这些不完美，豪豪更多的是享受与父亲在一起的种种快乐，这无疑是对他人格的塑造。

当妈的不能抢了当爹的工作，我们要是大包大揽地把所有家庭的责任都背负在自己的身上，这不仅能累坏我们的身心对孩子的成长，更是没有一点好处。与其辛苦自己，辛苦孩子，不如看淡一点，看远一点，把当爹的工作还给他，对那些不满意的小事情都看开点。孩子的童年注定不会停留，何妨从此刻开始，放慢脚步，用心灵和智慧陪伴孩子，做孩子童年的守护者。

孩子，你要学会做自己

现在的妈妈们不再拿"乖""听话"去约束孩子，她们所崇尚的教育理念也更独立、更自由。在这样理念之下，作为母亲，还需要做到的是，在孩子3岁之前，给孩子更多的陪伴，而在他开始有自由的意识之后，给予他充分的尊重。

有些父母不是担心孩子习惯的养成，就是担心孩子身体的健康，还有些父母望子成龙，期望值太高。这些都是孩子成长路上遇到的问题，其实孩子需要的是阳光、自然、自由，以及温柔的教养。我们在育儿的路上，心灵应该充满阳光，带着欢喜，看着他们一天一天地长大，变模样儿，印刻每一分的美好。这是孩子带给我们的爱的烙印，这是我们送给孩子爱的记忆。

每一个孩子都是不同的，他们都有自己独特的一面，有自己独有的气质，我们是他们的父母，又怎会嫌弃不够完美的他们呢？相反，他们是我们最爱的宝贝，无论调皮时、耍赖时、偷懒时、争执时、不专心时、让我们生气时，等等，他们都是我们心头最脆弱的小心脏。

在某个我与豪豪争执的夜晚，他伤心地对我说："妈妈，你不爱我了。"我紧紧地揉着他，对他说："你要知道，妈妈对你的爱没有白天与黑夜的轮班，没有时间分秒的限制。我们争执只是因为我们的观点不同，但这些争执却能证明你长大了，并不代表我对你的爱减少了一丝一毫。妈妈之所以不同意你的观点,只是因为我并不认同,这和我爱你无关。"

有一次在公园,豪豪听到了一个大人对她的孩子说:"你看看那个大哥哥,自己玩得多好,又听话,你要是像他就好了。"豪豪问我:"为什么他要像我?他可以做他自己呀。"是的,我一直告诉他,你就是你,你就是要做你自己,你为什么要做别人呢?别人再怎么优秀都是别人,别人再怎么聪明那也是别人。我们为什么要和别人比?我们为什么要做别人呢?

我们有自己的才能,有自己的智慧,有自己的善良,有自己的天赋,有自己独特的行为模式,这样就很好,这样就很快乐。豪豪说:"妈妈,我只想做我自己,你不要告诉比谁矮,比谁不听话,可以吗?"我说:"好呀,我也只想你做你自己。"

我们为什么要自己的孩子与他人比较,管他人成绩好否,管他人运动好否,管他人是否令人羡慕,我们的孩子只要快乐就已经很好,他自己做得很开心,做得很快乐,那么即使他不如别人又如何?我们的孩子或许不够聪明,但他只要够努力就可以了;我们的孩子也许不够天才,但只要他知道如何让自己快乐就足够了。

所以,我们更希望我们的孩子能养成让自己快乐健康的生活习惯,只有这样他们才会把握自己,才会不需要我们保姆式的照顾。只有让他做他自己,他才会找到生活的乐趣,寻到存在感,才会明白无论何时何地何种情况下,他都可以找到自己的方式,都可以平衡他的内心,让那些负面的情绪转变成积极的动力。

为人父母,终究要明白一点,我们可以领着孩子走一段路,但是不能跟着他一辈子;我们可以陪伴孩子一个童年,却不能参与他的整个人生。孩子,你不用成为别人眼中的"好孩子、乖孩子",妈妈只希望你勇敢做自己。

孩子的自由，你给对了吗

美国人有一个很特殊的口头语，就是把自由挂在嘴边，即便是面对孩子的教育，也总是说："我们要给孩子自由。"什么是孩子的自由？我们又该如何给孩子自由？就这个问题，我和豪爸这个美国人较真过。

事情的主因是为了孩子的午餐。原本头一天，我问豪豪午餐要吃什么的时候，豪豪回答我说："想吃学校的午餐。"当时，我虽然不是很情愿，但还是答应了。毕竟说好了，孩子的这些小事情由他自己支配。第二日清晨，我很早就醒了，就很热心地起来给全家人做了一顿丰富的早餐。做完早餐之后，父子俩还没有起来，我便想着干脆把豪豪的中餐也做了，然后想办法和小家伙商量一下，让他明日再去吃学校的午餐。

当我一切准备妥当，便和豪豪商量了，小家伙固然很不情愿，但是看到我准备好了也只好同意了。可是豪爸却不同意了，他认为我出尔反尔，强迫孩子接纳我的午餐，这是封锁了孩子选择的自由。豪爸坚持让豪豪按照自己的意愿选择午餐的方式。

可是我的出发点也是为了让孩子吃得健康一点，帮家里节约一点，而且我也是和豪豪耐心地商量来着，并没有强迫他呀。难道我这样做也是给错了孩子的自由吗？虽然，理智上我确实也同意豪爸说的要给孩子选择的自由，不要左右孩子的思想，可是他真的可以随意选择吗？真的可以给他充分的自由去选择任何事情吗？是，也许一个午餐，完全可以给孩子自由的选择权，但是我想的是学校的美式午餐并不是那么健康，为何不能缩小让孩子自由选择的范围呢？

而豪爸说，你昨日答应孩子让他吃学校午餐，现在又反悔，这本身就是给孩子带来了负面的情绪，这会让他伤心，让他觉得自己没有了选择午餐的自由权，即便你的出发点是好的。让豪爸教育完之后，我仔细想了想，确实我错了。我答应了豪豪，他有每天选择吃什么的自由，就应该给他这个自由，即便我想让他吃得健康点，也应该换个方法，而不是打破我的承诺，让他觉得我很霸道。

对自由和约束的选择，我觉得真的要看不同的事情和不同性格的孩子而不同。就好比豪豪，他是一个大大咧咧、眼里只有运动的孩子。如果凡事都让他自己去选择，我相信他可以把业余时间都放在踢球、打球上，这样的自由我肯定给不了。我和他有"约法三章"，任何业余的兴趣活动都要在上课认真听讲、放学认真作业的前提下。玩固然是开心快乐，可是人不能没有一点压力，必要的约束能帮助孩子在正确的轨迹上成长。

前几年，豪豪还小的时候，一个朋友对我说，给豪豪选择兴趣班要从各个方面去选择，比如说起码要学一个乐器，学一样运动，学一门外语，学一些棋类，等等。我觉得如果要培养一个十全十美的孩子，这样的培养绝对是最佳的方法。可是顾名思义，兴趣课自然是孩子喜欢的课程才可以吧。我反倒不喜欢去强迫孩子业余时间做自己不喜欢做的事情。因为我觉得孩子读书学基础知识的压力以后一定是越来越大，那么课外的活动就由着孩子自己选择吧，只要他开心，想学什么就学什么。

之前，豪豪还挺钟爱武功，一对一的教学，从我的角度看来，那练得有模有样的确实很不错。可是学了一年之后，豪豪对我说，他不喜欢功夫了，至少是暂时不想再练了。因为他不喜欢回家一个人打拳，可是单凭课堂上的一小时训练，他根本就记不住整套拳法呀。有时候我也会督促他独自练习几遍，说多了，孩子的兴趣就更没有了。闹到最后，他是坚决不愿意去上功夫课了。反而嚷着要去跆拳道，我当时心想，你连功夫都坚持不下来，再去学跆拳道，不是浪费钱吗？

即便我有这样的想法，还是决定放弃功夫，让他去尝试一下跆拳道。跆拳道班级基本上是一个老师对多个学生，练得好的，升级快点；练得不好的，升级就会慢点。在决定报名之前，我再三和他谈心，告诉他不能半途而废。练习了一年的跆拳道之后，我渐渐地发现，其实不是孩子的问题，而是孩子对教学方式的接受问题。功夫他也是爱的，只是他不喜欢一对一严厉的教学方式，以及回家后他独自的练习方式。相反，跆拳道练习了一年之后，他还是很有兴趣，有时候还会自己在家里独自舞弄着。那么在孩子的兴趣班的选择上，是不是该给孩子一个自由呢？

有人说我不应该纵容孩子半途而废，而应该让孩子继续坚持。我这样听任孩子，是宠爱孩子。然而，我却不这么想，与其让孩子痛苦地坚持一个兴趣，不如让孩子快乐地半途改道学习另一个兴趣。兴趣本来就应该由孩子自己支配，不喜欢的东西又如何称的上是兴趣呢？

但我也不是一个事事都会由着孩子自由选择的妈妈。暑假期间，频繁的夏令营活动令他每日回到家精疲力竭，总不能好好地静下来如往日一样读上几本书。而我认为阅读是一个良好的习惯，我曾煞费苦心地培养他阅读的习惯多年，怎么可以因为一个暑假就此止步呢？于是，我换了阅读的方式、时间以及地点。我不想让孩子感觉到我在强迫他阅读，我希望他可以在毫无察觉的情况下和我一起坚持阅读。

我们去旅行的时候，我会把目的地资料找出来和他一起阅读；餐馆里，我会和他一起阅读菜单来完成我们的点餐；宾馆里，我们会一起读住宿手册，让他明白住宾馆的一些规矩。甚至去海边看日落的时候，我都会在网上找一些关于日落的句子念给他听，然后让他去观察日落对比这些句子。豪豪从未对我这样的"约束"有过一丝一毫的抱怨。

男孩大多调皮，爱偷懒，还有点自以为是，认为自己最聪明。豪豪每次做作业的时候，会把 a 写得像个 9，把 r 写得像个 v，再不然就是 h 变成了一个 艹字头，总之是各种的偷懒。往往这样的小事可以让我非常生气，因为我觉得这是态度的问题，而非会不会做的问题。面对这样的错误，我从来不会听之任之，而是很认真地找出每一个他不认真写的字，圈好让他改。在学习的态度上，我没有办法让他自由地随意发挥。这点自由，我给不了。我会用严厉的方式督促他改正，用鼓励的方式让他看到认真之后的成果。

给孩子自由，其实很难给出一个具体的定义，什么事情可以给孩子自由，什么事情不可以，大多数时候，我们都会采用具体事情具体处理的方式。让孩子自由地成长，不仅仅只是一个口号，更多的是我们该如何去做才能给孩子更多的自由，又该怎么去做才能让孩子健康地成长。自由与约束本是相辅相成的，如何给对孩子自由，其实是一个技巧的问题。

不要破坏孩子与生俱来的适应力

适应力一定要从孩子培养起来，如果不在早期培养，以后需要的时间会更多，过程会变得越来越难。

美国的学生总共有 3 个假期，春假仅 1 个星期，冬季圣诞节放假 2 个星期，唯有夏季的暑假是最长的假期，接近 3 个月。豪豪 6 月 8 日放假，8 月 31 日开学，如此长的暑假就不得不从长计议了。

每一次计划带豪豪回国，我的母亲总是千不愿万不愿，最担心的就是孩子不能适应国内的生活环境。冬季带孩子回国，母亲说："这么冷的天气，孩子不习惯会适应不了。"遇到雾霾的时候，母亲说："雾霾来了生病怎么办？"暑假来了，母亲又说："天气这么热，蚊子这么多，孩子肯定受不了。"诸如此类的言语，在每一次回国前都要和母亲争辩一番。

在孩子的教育上，我似乎也继承了母亲的固执，固执地在冬季带孩子回去感受中国年的热闹，固执地在酷暑中让孩子体会高温和蚊子的亲密接触。回到中国已有半月，豪豪从脸到脚都成了蚊子的最爱，尽管全身被咬得片片红，小家伙似乎很安然地接受着，并无半句怨言或者表现出一些不适应的反应。我的内心有着很多的心痛，但更多的是心慰。在他身上，我看到了孩子与生俱来的超强适应力。

几乎没有什么时差，他从到中国的第二天就正常 7 点起床，反而是我这个迷糊妈妈居然睡到了自然醒。一早便起床的他跟着外公去了公园，习惯了每日打球，到了中国，他依然拿着篮球和小侄子跟着外公去公园的篮球场打得汗流浃背，丝毫没有被太阳和蚊子影响到情绪。回到家，我发现他的脸上和背上都被一种不知名的小虫子亲了几大口，肿了起来，看来新鲜的血液还是比较受欢迎。妹妹说是一种叫黑霸王的蚊子咬的，毒性比较大。连擦了半月的药膏，才渐渐消散。

　　豪豪似乎对蚊虫的叮咬并没有太大的不适应，依旧每日早起去公园打球，或者陪外公去锻炼。尽管外面都已经 37 度左右，他还是每日寻着各种机会溜出去玩，而我也只能陪着他在高温下晒着。

　　带孩子回国，除了让他适应各种不同的生活环境，于我最大的目的还是孩子的中文。每次和豪豪回来，最大的收获就是从不愿说中文到临走时的一口流利中文。没有暑假作业的他每日看着小侄子自觉地做作业，他都会好奇地坐在一边拿着小侄子写过的作业看，我也就乘机让他学习中文，每日描写几个字，读上几本中文书。这次，很明显地发现他的中文进步得比之前要慢。5 岁时候的他回国不到两个星期已经可以和小侄子用中文对话了，这次还是夹杂着不少英文单词，说得复杂一点就会马上爆出成句的英文。看着这样的他，很难想象 5 岁那年他曾说着一口流利的中文。

　　对我来说，如果因为高温就让他躲在空调下，便失去了我带他回国的意义。对他而言，好动的习惯因为外界的阻力而改变，似乎更难。开始两日，外婆是怎么也不让豪豪在中午的时候出门游玩，起因也是好意怕中暑。豪豪便拿着皮球在家里打得不亦乐乎，总之没有一刻是安静的。于是，在家里打球也让豪豪玩出了篮球的风范，墙壁上贴着的福字成了他的篮球框架，皮球变成了篮球，起跳投篮绕着桌子转身玩着各种投篮技术，让斯文的小侄子也爱上了打球。

　　即便被闷在狭小的空间里，孩子也能从容地找到让自己开心的方法，这就是孩子与生俱来的超强适应力。如果这时候你因为害怕这样或那样的外来阻力去强制孩子听话，结果便是你破坏了孩子的适应力。孩子不是温室的花朵，他们天生就是野草，有着顽强的生命力和适应力。他们的成长中有很重要的一个因素是适应各种生长环境，而这个适应力的培养，最大的原因还是在于我们如何养育。

如果我们因为各种外界的因素或者说是我们可遇见的小伤害，就企图呵护他们，这种行为实则不是爱。他们应该是自由奔放的个体，如果他们自己不觉得在酷暑中打球是一种折磨，我们又为何要阻止呢？如果他自己都无所谓蚊子的叮咬，我们又何必人为地阻止他去经历这种小伤痛呢？除了涉及人身安全问题，剩下的任何经历都会帮孩子谱写出一种新的历练，也会成为他成长中最宝贵的一份礼物。

第六章
用对方法，孩子更合作

当父母真正用爱去理解和接纳孩子时，孩子也许就不会有所谓的"叛逆"，父母爱孩子从真心接纳，用对方法开始。

不打不骂，是为了更好地管教孩子

问过所有打过孩子的父母：你为什么打骂孩子？大部分的回答都是"为了管教孩子"。打骂也许能在当下解决问题，但却对孩子今后的成长带来负面影响。

在美国，从孩子接近两岁开始到三岁，我们都称之为 Terrible Twos，其实很多孩子从一岁过后就开始有了 Terrible Twos 的行为，那么什么叫 Terrible Twos，就是指两岁左右的孩子最会惹祸和制造麻烦，他们的行为让大人们特别头疼。其实这些行为都是因为他们在成长的过程中，对很多行为有一种好奇心，他们的独立性在逐渐增强，他们想用这些行动来表达自己的思想，但是他们的语言表达能力却远不及他们的行动力，所以当他们不知道该怎么表达自己的时候，就会采用一些激烈的行为，在我们大人眼里是非常顽皮和不礼貌的一些动作，比如抢东西、打人、推人、抓头发，甚至踢人、咬人，等等。

我儿子正好处于这个阶段，最近这段时间，我们发现他从原来一个听话的孩子变得非常的顽皮，吃东西也开始挑食。由于我们家的双语环境，他说话的表达能力还处在逐步提高的阶段，并没有像单语言的家庭孩子那样可以很快找到词汇表达自己的思想。但是他的动作学习能力却进步得很快，前几日，我们已经发现他可以独立穿好自己的鞋子，对一个两岁还不到的孩子而言，这算是比较早的。

很多时候，他会很啰嗦地对着我说一大段话，我只能勉强猜到一些，只能努力地尽量和他做一个互动。可是我想我还是并不能真正理解他到底想表达什么。近两个月，他开始挑食，让我很是头痛，每天都绞尽脑汁地换着食谱做，还必须每天都不一样，他才会吃上一些。这两个星期，已经开始喜欢打人，也不管是比他大的孩子，还是比他小的孩子。开始的时候，我也会很生气，就很想打他屁股，可是毕竟是住在美国，打孩子可是犯法的，更何况自己就是一个老师，连这样的想法都不应该有。对别的孩子，我一直都很有耐心，对着自己的儿子，就会特别的生气。后来，我对我自己说，冷静，冷静，再冷静，好好和他说。

起初，我一直告诉他，不要去打小朋友，可是他好像没有听到我的话，隔不了几分钟，就又被我看到他打人了。几次之后，我发现这样的教育好像没有什么效果。这时候，我想起了我的朋友告诉过我，孩子在这个年龄只能听到一句话的最后两个字，所以当我说不可以的时候，他事实上听到的是可以。讲故事的时候，我故意把每一页的最后三个字说得慢一点，可是我明显地发现，他只跟着说最后两个字，或者是最后一个字，总是忽略了第一个字。我想，这就是原因了。从那天开始，当他打人的时候，我不再告诉他不要，或者不可以，而是改说摸摸、抱抱、轻轻的，还抓着他的手轻轻地摸我的脸，让他知道当他想打人的时候就改用摸的方式来表达，几天之后，我发现他开始转好，打人的次数在减少，摸人的次数开始增加。

记得上课的时候，老师也曾经说过，对孩子，要采取鼓励性教育，尽量少说"不"，因为孩子一直在学习我们的说话方式和行为举止。当你一直对他说"不"的时候，反而会增加他的好奇心，觉得要做一下看看反应。每一次，儿子因为我忽略了他，也会打我，这让我非常的生气，真是恨不得可以学学古人，抽他两下，看他以后还敢打我不。当然这样的想法只能在我脑子中快速地转一下，让自己心情好一点也就过去了。第一次，他打我的时候，我抓着他的手，对他说："你不能打妈妈，你只能爱妈妈。"哎，天知道，我怎么会和儿子说这么抽象的话呢！他能听懂才怪。第二次，他扔我，我走到他身边，抱着他："你为什么用球扔妈妈？你是想和妈妈玩球吗？"我说得很慢，一个字一个字说的，儿子好像听懂了，居然点点头，于是我告诉他："你要先和妈妈说对不起，然后重新把球轻轻地拿给我。"我特别把对不起三个字说得很慢很重，并且告诉他，这是必须要说的，然后做了一个把球轻轻给我的姿势，让他跟着做一遍。几次这样的教育之后，他对我有要求的时候，开始变得有礼貌了。朋友说，我儿子好像挺怕我的，其实那不是怕，是学会了尊重我。

撒娇和赖皮是不用学习就会的，我的儿子也是一样，突然某一天就发现他居然开始赖皮了，抢球输了，就趴在地上假哭还时不时地看我一眼，豪爸总说我们儿子是天生的演员。每次他赖皮的时候，我都当作看不到，虽然他还小，可是我也不能因为他小，就帮着他和别的小朋友抢球吧？小朋友之间有些事情还是需要他自己动脑筋来解决问题的。如今他也不看我了，通常豪爸在的时候，他就还是会赖皮，豪爸比我宠他。如果豪爸不在，他也就拍拍屁股，起来玩别的东西去了，晚一点的时候，看到别人不玩了，就跑去拿球了。老实说，我的儿子也是被豪爸和邻居们的那些懂事的大孩子们给宠坏了，很是任性，有的时候，我全当听不到，看不到。

虽然说 Terrible Twos 是可怕的，我们做父母的要有很大的容忍心和耐心，但是不管怎么说，每一个孩子都会经历这样的一个阶段，我们应该看到每一个不好的行为背面，孩子想要表达的意思，用我们的爱心和包容心，和孩子慢慢沟通，用一些肢体语言来教育和引导他们走出思想的误区。要做到不打骂，就需要家长在平时花更多的工夫和耐心。。

带孩子，还是亲力亲为好

很多中国的朋友来拜访我的时候都会问我同样的一句话："为什么你不让你的爸妈来帮你带孩子呢？自己带孩子很辛苦吧？"我总是笑着说："不辛苦，我喜欢带孩子。"

是的，我喜欢带孩子，我喜欢和儿子一起分享他的快乐时光，我喜欢用我自己的教育方法来教育他，我喜欢他带给我的每天一惊喜，我喜欢伴随儿子成长的理由多到数不清。

如果说自己带孩子不辛苦，那是假的，只是我从来没有想过让我的父母来帮我带孩子，也从来没有要求过我的婆婆来帮我，甚至在豪爸提出出差的时候让婆婆帮忙一段时间，我都拒绝了。当然偶尔可以离开一下自己的孩子，可以有一些自己的私人时间，可以享受一下短暂的自由，那自然是一件很开心的事情。

母亲曾经问过我需要她的帮忙不，我说不需要，说实话，我很希望我的父母亲可以和我一起住，豪爸对此也没有太大的异意，但是我却不想他们来帮我带孩子。在孩子刚刚出生的时候，父母亲来美国和我同住了半年，那半年让我感觉特别温馨，父母亲走的那天，我抱着孩子，流下了很多眼泪。

不想爸妈帮我带孩子，其实是有原因的。一来，我的确很享受带儿子的乐趣。二来，父母的年龄也不小了，带大了我们已经完成了他们的责任，凭什么要他们帮我们带孩子？三来，父母在美国住的那半年，其实是很孤单的，在一个陌生的国度，到哪里都要跟着我，尽管我住的地方有很多华人，甚至走几步就有一个华人超市，可是对在中国生活了几十年的他们来说，要适应一种全新的生活，实在不是那么容易的一件事情。当父母亲回到老家的时候，我问母亲，还来美国吗？母亲只说，还是家乡好。四来，我见过很多老人家帮忙带孩子的时候，那种吃力的感觉只能自己默默地承受，我想如果有的选择，他们宁可过自己的生活，只是父母爱孩子的心永远都是无私的。五来，如果你们注意观察，就会很自然地发现老人家带出来的孩子和我们自己带的孩子是不一样的。孩子的学习能力是很强大的，而他们的学习对象就是陪伴自己时间最多的人，而他们的性格也会因为身边人的行为举止而慢慢养成。

在这里我举一个例子，是我在美国的一个朋友，他的儿子比我的儿子大了八个月，我一直想不明白为什么如此开朗乐观的父母亲会有一个如此内向的儿子，而朋友也就这个问题和我讨论过几次，总是对儿子有这样的性格而多了很多烦恼。后来我慢慢地发现，原来孩子一直是由爷爷奶奶带的，爷爷已经七十好几了，奶奶也六十多岁了，爷爷性格很开朗，只是行动力明显有些慢，而奶奶是一个很内向的人，很少走出家门。孩子走路的时候也是慢慢的，玩的时候也很小心，从背后看到他们爷孙两个一起走路的时候，感觉好像。孩子显然是学习了爷爷奶奶的性格特征。即便他们年轻的时候是多么的精力充沛，人老了，就是一个不得不接受的现实。和这个爷爷聊过一次，在小孩学走路的时候，爷爷用绳子领着孩子走路，爷爷说孩子一次也没有摔过。而我却由着儿子在那里跌跌爬爬的，我对爷爷说，公园的地都是软木的，就是专门给孩子设计的，不怕跌。爷爷说，那也不行，摔破了不知道回去怎么和儿子交待。我只能轻轻地摇摇头，他说得也没有错，自己的孩子当然可以放任自由，可是儿子的儿子还是要交待的。

所以说，带孩子，还是亲力亲为的好，既是为了我们的父母健康着想，也是为了我们的孩子发育考虑，即便自己累一点，辛苦点，那又算什么？和孩子带给我们的快乐相比，这点辛苦根本就不算什么。偶尔让自己的父母帮忙带一下孩子，的确可以给他们带来一些欢乐，也可以让我们得到一些自由的时间，可是千万别把带孩子的责任全部丢给老人，我们生了孩子，就有着不可推卸的责任。所以那些经常埋怨婆婆不肯帮忙带孩子的父母亲们，请尊重老人家的意愿，试想一下，等你老了的时候，你还愿意做你孙子的保姆吗？

父母对孩子最不能说的三句话

一直以来都看到很多父母亲为了孩子的成长想尽方法，无论是中国的父母亲还是外国的父母亲，对孩子的教育都有着自己的观念，也有着很多传统留下的方法。等我有了孩子之后，交往的朋友都开始变成和自己一样有着小小孩的父母亲。在社交活动中，也都开始了家庭式的聚会，所谈论的话题大多不会离开自己的孩子。

在家庭式的交往中，我渐渐地发现了几件事情，这几件事情几乎在父母亲中是很普遍的现象。即便很多家庭都会使用，我却觉得这几种育儿方式有着很多弊端。

第一种，用吓的手段让孩子听话。

有一次，我和一朋友去买菜，因为有两个差不多大的孩子，所以就很容易不听话，一起乱跑。我是一个主张让孩子自由的人，只要孩子不要跑出视线范围，我并不觉得有什么不妥。豪豪害怕还会跳动的螃蟹或者小龙虾之类的水中动物。朋友就拿小龙虾来吓豪豪，并且对豪豪说，如果你不听话，小龙虾就会夹你。我当时听了之后，看到豪豪害怕得往后退。朋友是好心帮我，我并不能去说这个方法我不喜欢。我只能带豪豪去买海产品的地方，让他观察小龙虾，我在一旁解说示范自己怎么拿小龙虾，小龙虾又会有什么样的反应，并且把小龙虾的身体说给豪豪听。我的这些做法都是为了缓解豪豪被吓后的心理。

用吓的方法或许会让孩子当下听话,可是之后呢,孩子对这样东西就会有心理阴影。

第二种,遇到孩子有问题时,喜欢说妈妈走了,妈妈不要你了之类。

曾经有过一次,我看到一个小朋友在公众场合蹲在那里,怎么也不肯跟妈妈走。妈妈生气地自己走掉,然后对孩子说,你要不走,妈妈自己走了,不管你了。其实在我看到这个事情之前,我自己也曾经说过同样的话,在打人心情不好的时候,又碰到孩子不听话,心情的确会很郁闷。后来我就想,当我们说了这些话之后,孩子有没有因为这样而变得听话呢,开始的一两次或许是管用的,那么之后呢?豪豪对我说这个话根本就不理睬,反而会更生气地固执地站在原地。我反思过自己,这样的话说得根本没有意义,后来不再说这样的话。就好比爬山,我就会陪他在原地待一会儿,问他什么好玩,然后说,那前面还有更好玩的,我们要不要去看看。我喜欢用诱导的方式去让孩子坚持,让孩子听话。

为什么我会说不要说这样的话,原因有二:其一,当你说了之后,你真的可以做到让孩子自己待在那里,真的可以不要孩子吗?你的言行不一致只会让孩子更加的不听话,以后你说的话他还会听吗?其二,这种负气的言语只会让孩子对你产生距离感,觉得妈妈不顾及自己的感受。

第三种,当孩子犯错误的时候,用自己的猜测来为孩子寻找理由。

我见过一些父母,当孩子犯了错误的时候,或者发生什么事情的时候,家长会用一些猜测的方式来寻问孩子发生了什么事情。寻问是一种好的沟通方法,但是把自己的猜测说出来给孩子听对吗?这样的方式会给孩子造成什么后果呢?你觉得你猜测的缘由是正确的吗?你在帮孩子猜测他的行为原因的时候,一旦孩子听到了,他就会顺着你的猜测去思考问题,小孩子说谎是一种很容易形成的习惯,而你的这个行为是帮助他说谎学习得更快。我们不是应该教孩子学习认真地面对人生中的每一个问题吗?我们不是希望孩子可以对自己的行为负责任吗？再者这也会遏制孩子自己思考和组织语言的能力，因为他只是在附和你的猜测，让你不会惩罚他，让你觉得他的行为并没有什么错误的地方。

无论孩子会不会说话，如果你知道了原因，就根据这个原因去解决问题，而不是把你认为的原因说给孩子听，孩子的行为不需要你的借口，而是让孩子明白无论什么理由，错误就该自己去面对，自己要意识到这种行为的错误在哪里。要避免孩子以后犯同样的错误，就应该让他把自己做的事情陈述一遍，在讲述的过程中去认知自己的错误。

每一个人都是从孩子成长起来的，孩子犯错没有关系，问题就在我们怎么去引导和对待孩子的错误。孩子的哪些行为我们是可以容忍的，哪些是我们不能认同的。孩子对问题的对错还没有认识，这些都是要我们这些为人父母的去教导，其实早教最大的特点就是言传身教，所以要注意我们的一言一行。知道每一个人都有发脾气的时候，对孩子也一样，我们不可能每一个动作每一句话都是正面的和对孩子有利的。每一个人都是有缺点的，我们要允许孩子有缺点，只要这个缺点无关于道德品质的问题，那么我们又何妨迁就一点孩子呢！

很多时候，我都会觉得我以前的教育方法太过于为孩子着想，豪爸说我是虎妈，以前的我并不觉得自己有什么错。如今想来，只要是不触及原则性的问题，对孩子调皮的行为我不会多加干涉，也不会鼓励他，而是让他自由地发挥。

如何回应和安抚孩子的分离焦虑

已经有很多个妈妈问过我关于分离焦虑的问题，我想因为孩子要上幼儿园了，这个问题就出现得比较频繁了。所以，这段时间我一直在思考这个问题。其实每一个孩子都会发生这样的情况。分离焦虑（Dissociative anxiety）是指婴幼儿因与亲人分离而引起的焦虑、不安，或不愉快的情绪反应，又称离别焦虑。

我还记得我生完豪豪，刚开始重新回到学校的时候。在豪豪五个月的时候，我因为要读书，就把他留给了我母亲照看。照理说，我母亲也是从他生下来就一直照顾他的，应该不会有陌生的感觉。但是那一次我没有注意，把他交给母亲后，就自己走了。在我上课到一半的时候，电话一个接着一个，谁都搞不定他，他就是一直哭，一直哭。

第二次，也是因为我要上课，那时候他已经一岁多了，母亲在豪豪六个月的时候就回国了，之后都是我自己带。上课总是要时间的，我把他交给了我的邻居帮我看。邻居和我们很熟悉，经常和豪豪玩，那时候，豪豪已经开始喝牛奶了，而且我是喂完奶才去上课的。等我去接他的时候，已经整个人哭得没有了力气瘫坐在一角。邻居说，怎么哄也不行，给糖都不要。我当时心痛得默默地掉眼泪。

后来我看了很多书，也问了我的老师，因为我还是要继续读书，孩子还是要继续得让别人帮我看，这点我也很没有办法。而且等他大一点，也总是要上学的，总不可能都是跟着我吧。其实分离焦虑并不像我们想得这么复杂，要解决这个问题，也不如我们想象中的那么难。

第一，当你要把孩子送走的时候，总是要给她一个过渡的时间去认识和去熟悉。

其实孩子在四个月大之前，一般这个问题是不存在的。如果说，是送给奶奶或者另外的家人照看，就应该先自己带着孩子和那个家长一起玩，一起熟悉，让孩子对那个人有一定的安全感。

第二，在你要送走孩子让别人照看之前，要和孩子说清楚。

不能让孩子莫名其妙地发现自己突然就找不到妈妈了。很多人认为只要自己偷偷地走掉，孩子就不会怎么样，最多就是哭一下。其实在没有说的时候偷偷走，是会让孩子认为妈妈不要自己。所以，无论孩子怎么攀着你，不让你走，你都要把事情说清楚，让她明白，妈妈不是不要你，而且妈妈要上班，晚点就会来接你。也可以和孩子说好一个时间，定时来接她。

第三，要带孩子多接触不同的事物，积极地调配其好奇心。

让他对新的事物有一种期盼，也会加快化解他对分离的焦虑。要学会放手，让孩子独立地去探索这个世界。我们要做的就是引导，而不是抱着看世界。当孩子真正独立的时候，离开父母的怀抱和保护是一种必然的行为。

第四，当你决定要把孩子送到幼儿园之前，就要先了解幼儿园的一些习惯。

比如自己吃饭、自己收拾玩具，等等。那么就让孩子培养起这方面的习惯，让他到了幼儿园之后，改变不会很大，那样也会让他心安，不会太排斥。

第五，送幼儿园之前，要慢慢地灌输一些幼儿园里的情况。

要在一些书本上或者说话的时候，侧面让他知道，别的孩子都要上学，来增强他对上学的好奇心。每天上学回来后，问问她，今天幼儿园教什么了？你玩得开心吗？等等，能激起他对幼儿园喜欢的对话。

豪豪因为我上学的原因，有过几次分离焦虑的问题，后来我就会慢慢培养他。到了他上幼儿园的时候，第一天我送他去上幼儿园的时候，老师说，他表现得很好，班上大半同学都哭了，只有他一个人玩得很开心，还安慰别的同学，特别有意思。

现在的豪豪还是很爱上学，每天放学就会像小鸟一样快乐告诉我今天老师教了什么。这和他独立开放的思想是很有关系的。如果我们从小就把孩子培养好了，这些问题即使遇到了也不过是小问题。每一个孩子都会在开始的时候不愿意和亲人和父母分开。这是太正常不过的事情，我们只需要慢慢地引导。

抓住时机沟通，会让育儿更顺畅

很多妈妈对我说："为什么我的孩子这么不听话？""我都不知道该怎么教育孩子？""道理讲了他也不听，那怎么办？""感觉带孩子好累。"这些话我时不时就可以听到。每每这个时候，我的朋友还会来一句："你怎么都没有这些牢骚？"

孩子的成长过程中会遇到的问题，其实都相通的，只是每一个孩子的表现方式不同。又因为每一个父母的教育方式不同也会导致孩子的不同发展，但是有一点是肯定的，每一个孩子在成长的过程中，一定会通过不断犯错误来认知这个世界，学习在这个地球上的生存法则。所以，请父母亲们学会正确地爱你的孩子。

在教育孩子的过程中，要让孩子听进去你的话，是需要一定的方法和条件的。有些话在一种场合说，孩子未必会听，但是换一种场合，孩子就会听，为什么呢？有些话平时说孩子就是不听，但是换一种情况，再述说同一个问题，孩子就很容易接受，为什么呢？有些话当妈妈说的时候，孩子觉得刺耳，但是当爸爸用另一种方式说出来，孩子又听进去了，为什么呢？这都源于时机教育的恰当运用。

就好比，孩子不爱刷牙，于是心急的妈妈就对着孩子说："好好刷牙，不然牙齿都让小虫吃完了。"孩子依然我行我素，听不到心里，更不会去执行。那么换一种方式，把孩子不爱刷牙的事情放在心里，在晚上讲故事的时候，挑一本关于牙齿的故事。让孩子在书本中演绎一遍牙齿旅行记，这个时候，再告诉孩子为什么我们要好好刷牙，然后就可以静静地看孩子的表现了。在孩子刷牙的时候，我们可以提一下故事里的人物，让孩子正视自己的刷牙问题。

就拿豪豪来说吧，有一天，我们开车的途中，看到一个少年在大太阳下举着广告牌站着。豪豪好奇地问我："他为什么要站在大太阳下呢？他不怕晒吗？"我答："他也怕热，但是这是他的工作。"于是，我慢慢地给他解释。我先让他观察这位少年的穿着打扮，让他猜想少年的年龄，然后让他知道什么叫兼职。我引导他了解少年为何要在大太阳下打工。豪豪问："那他们家很穷吗？"我说："那不一定，他只是想用自己赚的钱来买自己想要的东西。"豪豪说："那为什么不能让爸爸给他买呢？我爸爸都会给我买玩具。"我说："是呀，那你说说为什么他不要他爸爸给他买玩具，而是要顶着大太阳努力工作呢？"豪豪想了一下，突然说了一句："那我也不要爸爸给我买玩具了。"他是否真的明白我要阐述的道理，暂时还是一个未知数，但是我知道这是引导他独立依靠自己的一个时机教育。而且一路上，他都很有兴趣地在与我讨论这个少年，只有这样，他才会去思考，才会听我说。

有时候，孩子做错了事情，让我们很无奈。当下，我们说："你这样不对，你不能这么做。"孩子会觉得妈妈很吵，很讨厌。他的叛逆心理就会自然地排斥我们的好意。要知道，孩子还不懂什么叫善意，什么叫为他好。他的感觉就是妈妈总说我不好，我不喜欢这样。

前几天，我们在小区游泳。游泳池里有很多散落的球，豪豪很喜欢玩球，捡了一个棒球玩了一会儿，回家的时候，他还不肯放手，想带回家。我说，"这个球是你的吗？"他答："不是，但是这个球没有人要。""那这个球也不是你的呀？"豪豪依依不舍地把棒球放到水池边，然后问我："为什么没人要的球，我不能带回家。为什么你说流浪猫可以？"我一时没有想到他会说到流浪猫，想了想才说:"嗯,这是个好问题。妈妈觉得,不管是什么,球也好,猫也好。我们首先都不能把不属于自己的东西拿走成为自己的东西,对不对?但是为什么流浪猫妈妈允许你抱它回家抚养呢?因为猫和我们一样,有感觉,要吃饭要睡觉,需要人去照顾它们。我们带猫回家,给它洗澡喂它吃饭都是帮助它更健康地生活,但是这只猫并不属于我们,我们只是暂时照顾它呀。你记得我们有写一个纸条放在捡到猫的地方吗?就是告诉猫的主人怎么找回她的猫呀。"豪豪眨眨眼,一边脱衣服洗澡一边还在和我讨论:"那树枝捡到可以带回家吗?"我笑了笑,赶紧转移了话题。

　　孩子对很多问题还没有分析的能力,何为好,何为不好,何为可以,何为不可以,这些在你眼里错的事情,孩子其实并不是很清楚,所以当我们发现孩子愿意听、愿意问、愿意和我们讨论的时候,就要抓住这个时机,好好地教育孩子,至少要表达出你的意思,让孩子自己去思考消化。这就是时机教育。

　　平常多一份宽容,抓住时机多一份沟通,会让你的育儿更为顺畅!

巧用电子产品解决育儿难题

有一天，我正在 ipad 上看新闻，正巧看到一个关于英国女孩头发上长虱子的新闻。豪豪走过来问我看什么，我说刚看到一个新闻，然后把新闻给豪豪念了一遍，也给他看了那个女孩的图片。豪豪看完后，突然说，妈妈，你给我剪头发吧。我偷笑着赶紧答应他，打铁趁热呀！

原来给豪豪剪头发是我最为头痛的事情之一，我甚至想着不管他头发，等他自己告诉我他想剪头发时再说。这次这么一个新闻就让他主动提出了。在我给他讲这个新闻的时候，我也同时告诉他，要保持干净一般就不会有虱子爬上来。只是长头发更有利于虱子的成长。

小孩子有时候偷懒，如果你告诉他，脏东西上有很多的细菌，五岁的孩子是不能理解的。他只会觉得常洗手是件很麻烦的事情。孩子都会有点偷懒。豪豪每天都在外面玩，常常都是双手黑黑的，衣服脏我可以忍受，但是手脏如果不洗，我是绝对不能忍受，所以每次一回家第一件事情，我都是提醒他去洗手。可是有时候，他想偷懒，就是不爱去洗手。

后来，我在 ipad 上找到了一些关于细菌的动画以及细菌的图片。豪豪看完图片后，问我，细菌就是这些小虫子吗？那为什么我看不到。我说，那是因为他们长得非常非常的小，要用一种特殊的眼镜带着才能看到。那眼镜叫显微镜。我还找出来了显微镜的图片，然后让他看一些对比的东西。

自从给他上完这一堂关于细菌的课之后，每天，他都会很积极地洗手。食物掉到地上的时候，他都会马上捡起来就丢入垃圾桶。以前，他可是会乘着我不注意的时候马上吃掉，现在倒也没有了这个问题；以前，他洗手也没有这么认真。现在，他每次都会用洗手液好好地洗手，也不用我提醒了。

高科技的产品，虽然对孩子不好，但主要还是看家长怎么使用。我记得前段时间看到新闻说，乔布斯是不给他的孩子玩这些电子产品的，还有很多科技界的巨头，都对孩子使用电子产品有很多规定。这些创造电子产品的人自己为什么不给孩子玩电子产品呢？

原因主要是网络上有很多的不良信息，做父母的都会害怕孩子接触到这些不好的东西，而且电子产品容易让人上瘾，父母也不希望孩子沉迷于电子产品而忽略了生活中其他美好的东西。我也从来不喜欢豪豪玩电子产品，但是男孩都是喜欢游戏的，我虽然不给孩子玩，可是豪爸会给。去别的小朋友家玩的时候，其他的家长也会让孩子玩。电子产品靠禁止肯定是行不通的。

电子产品虽然不好，但也不是一无用处。而且以后的社会发展，高科技只会走得越来越远，越来越普遍。与其禁止，不如想办法利用它来达到我们教育孩子的目的，让电子产品成为帮助我们育儿的工具。

帮助孩子选择一些有意义的电影，让孩子享受电影带来的视觉感受，还能从中学到一些人生道理。爱玩游戏的孩子，父母可以选择陪孩子一起玩，这样一来可以控制孩子游戏的时间，二来可以知道孩子玩的过程没有被不好的信息干扰。宁可花些钱购入那些可以玩运动或者可以跳舞的游戏机，让孩子可以边娱乐边锻炼。

孩子消耗了体力，玩一玩自然就会放下，不会一直坚持。以后孩子上学肯定是要电脑查询一些网络资料，我们肯定不能说就不给孩子用电脑吧，倒不如交给孩子怎么正确地使用电脑。如果要上网，父母就要辛苦点最好在一旁帮着点。

网络上有一些很有趣的东西，比如有一些非常有创意的手工制作。有时候，我看到别人上传的一些有趣视频，就会和豪豪一起分享。有次，发现一个关于剪纸做成立体书的创意视频，觉得很有意思，就分享给豪豪看。从那次之后，豪豪就爱上了剪纸，总喜欢自己一个人拿着纸头折来折去，然后拿着剪刀东剪西剪，现在也可以剪出一些字母和花朵之类的，还挺有意思。

　　我们不能让孩子单独坐在电视机前，然后就去忙自己的事情，那肯定是有问题的。相反，巧用电子产品，和孩子一起分享电子产品中好玩好看有趣的东西，事实上是可以帮助我们解决一些育儿的问题的。而且大家都开心了，育儿的冲突也就少了。

从孩子的错误中寻找最佳教育时机

周末的时候，我带着豪豪去农贸市场买一些新鲜的瓜果。在回来的路上，他说肚子饿，我们就顺便拐进了一家汉堡店。近几个月，每次带他出去吃饭或者买他想要的东西，我都会直接给他钱，让他自己去买东西，一来希望锻炼他独立面对陌生人的胆量，二来也考验一下他上学后数学的学习状况，三来让他对购物以及物品有个价值的观念。

如今的孩子大多在温室里长大，对金钱的概念非常的薄弱，对数字的概念和物品的价值也很难挂钩。我也不能免俗地让豪豪成为了这个温室中的一朵花，基于这些外在的条件，也就有了相对应的教育锻炼。就如同我让豪豪独立购买自己的物品。

那日，我给了豪豪20元去买一份他喜欢的汉堡，汉堡的价格是3.87元。去之前我告诉豪豪要对照一下账单小票，虽然锻炼了很多次，但他还是会有弄错的时候，特别是小数点以后的数字，他根本就没有学过。而我也没有高要求，只希望他可以对照账单的最后数额和手中金额一样，只要做到这一步我已然安慰。

他从order汉堡到付钱拿汉堡，一直和服务员有说有笑，我很满意他的态度以及应付自如的从容。等他拿回小票、汉堡和余额的时候，我一眼就发现了不对，但是我没有着急地让他去找服务员，而是让他先看小票的余额，再清点他手中的余额，他马上发现少了 5 元。这几个月来，这是他第一次遇到小票余额和拿回金额不符合的现象，顿时有点局促不安。

我问他，差了多少钱？然后和他一起算了一遍，他说差了 5 块。我问他，那该怎么办？他起初说："算了，就 5 块钱。"但是他说话的时候表现出了害怕和胆怯，我知道他不敢独自去讨回这个差额。我鼓励他说："服务员少给你了，是他的错。你理应大声地质问他，并且拿回属于你的钱。"他抓着我的手，目光有点坚定："你陪我一起去。"我说："好，但你要自己和服务员讨回这笔钱。"

那天人很少，只有一桌人在吃汉堡，剩下就我们了。我们回到点餐的地方，豪豪小声地说："对不起，你找的钱错了。"我立刻用中文提醒他："你没有做错，要大声地讨要属于你的钱。"服务员故作没有听到，我大声地重复了一遍："excuse me。"他这才走过来，对我们说："什么事情？"豪豪看着我，我鼓励他说："把事实说出来。"豪豪开始陈述："你少找了我 5 元。"服务员说："怎么可能？"我盯着服务员，这时候已经知道这个服务员就是在欺负豪豪是个孩子，我告诉豪豪："他在欺负你是个孩子，你该让他欺负吗？"豪豪似乎来了勇气，他拿着小票指着余额说："你应该找我 16 元，这里只有 11 元。"我帮着豪豪把钱一张一张地数了一遍，摊在那个服务员眼前。服务员知道瞒不过去了，就什么也没有说，直接去拿了一张 5 元的给了我们。

这次豪豪没有马上离开柜台，而是当着服务员和我的面，对照着小票的余额再次清点了一次金额，我就站在那里陪着他。回到饭桌前，我再一次对豪豪说："以后离开柜面之前要先把余额清点清楚了，这样他就不敢欺负你。"那天晚上，我们躺在床上聊天，豪豪突然说："妈妈，我是不是很胆小？"我回答他："不，妈妈觉得你胆子很大，你后来不是自己要回了钱吗？我相信你以后遇到同样的事情，你都不会再害怕了，对吗？"他拉着我的手说："妈妈，我以后不害怕了。"

通过这件事情，这几日我带豪豪去买东西，他的表现都很好，都记住了在离开柜台前不急不慌地慢慢清点余额。我也发现他对钱币的清点速度越来越快，已经变得很清晰。虽然我很不喜欢那个服务员的欺负孩子的态度，但生活中，孩子总是会遇到这样的人，如果我们帮他处理了，最多也就是起到了一个榜样的作用，但让他自己去处理，印象会更加的深刻。整个事件或许不能算全部是豪豪的错，但是豪豪的错就在不认真对待金钱与余额的对照，才出现了这种情况。我并没有批评他，只是告诉他怎么做才能避免让人钻了我们的空子。

孩子在成长的过程中，总会有这样那样的遭遇，也会有这样那样的错误，这一切都是成长必须要经过的锻炼，我们应该从教育的角度去看待这些问题，从另一个角度来说，这些都是我们教育的最佳时机，千万不要错过。

"我还没有玩完，请还给我"

一直以来我都教豪豪要做一个讲礼貌的小孩子，每次他抢玩具或者打人的时候，我都会教育他反省再三。我始终觉得每一件事情我都应该让他明白对错的分界线在哪里。小孩子在一起玩，打打闹闹是难免的。豪豪在我的周围一直受到很多人的保护，包括邻居的大孩子，偶尔遇到一两个爱欺负人的大孩子，我也是第一时间带走豪豪。

今天我们全家早早地起床，带豪豪去旧金山的一家儿童科学博物馆。走到那里，没有想到人山人海，连个停车位都很难找到，里面也是挤满了人。这家博物馆并没有参观的陈列品，全部都是针对8岁以下儿童游乐的科学游戏。比如有超大型不同材质不同形状的积木，有废弃的轮船，有不同大小的木头堆成曲线，还有两边都是绳索的瞭望台，有一些石头和沙子混合在一起的玩沙场所，等等。

刚开始的时候，我带着豪豪去玩积木，因为是第一次见到这么大型的积木，虽然材质很轻巧，但是体积重大，而且有很多圈圈洞洞，豪豪就站在一旁看别的大孩子玩，看他们堆成大炮、轮船之类的东西。看了一会儿，豪豪就开始有些蠢蠢欲动了，他想和那几个大男孩一起玩，就拿了一块长条的积木走过去。哪知其中一个大男孩看到以为他要拿走，就走过来抢走豪豪手中的积木，还说，这个积木是他的。我正想发火，男孩的父亲走过来，对男孩说要分享，让他去玩别的积木，男孩就走了。我也不好再说什么，但是豪豪显然心情有点沮丧，就跑开了。

我的心情也因为大清早碰到这件事情变得有些不开心，可是在外面孩子多的地方遇到这种事情总是难免的。只好带着豪豪去人少的地方玩。玩了一阵子，豪豪的心情好了，玩得很开心，在那些各种各样的乐器中玩得不亦乐乎，我便也忘记了之前的小小不愉快。

去沙地的时候，小朋友很多，豪豪都找不到工具玩沙。这时我看到一个小女孩手里拿了两个铲子，就告诉豪豪去礼貌地问小女孩要，豪豪就跑过去对女孩说："请问可以给我玩一个吗？"小女孩很高兴地就把铲子给豪豪了，豪豪正拿过来，边上突然冒出一个五六岁左右的大男孩直接就要从豪豪手中抢走，嘴里还说，这是我刚才玩的。豪豪一时没有反应过来，就看着他，又看了看我，我用中文快速地对豪豪说："豪豪，抓住铲子，用英文告诉他，请把铲子还给我。"

豪豪得到了我的指示，就用手紧紧地抓住铲子的柄："请还给我，请还给我。"眼睛直直地看着男孩的眼睛，没有一点畏惧，我用中文鼓励豪豪说："做得很好，抓紧铲子，就这样看着他。"男孩本来想抢了就跑，却被豪豪紧紧地抓着，又看到我在身边狠狠地看着他，就僵在那里。男孩的妈妈这时走了过来，赶紧向我们赔礼道歉，让男孩放手。这个男孩也很奇怪，被妈妈说了之后，反而不走了，把铲子还给豪豪，还和豪豪玩了起来。

后来男孩走了，豪豪还在玩，另一个男孩走过来，大概4岁左右。豪豪正好把铲子放在身边，用筛子筛石头出来，他看到铲子就顺手拿走了，公众场所玩东西孩子也要眼疾手快才行。豪豪转身发现铲子不见了，就问我，铲子去哪里了？我说："被你身边的那个男孩拿走了，如果你要玩，就去问他要回来。"豪豪这下有点经验了，走到男孩身边："我还没有玩完，请还给我。"他也不去抢，而是很礼貌地问然后伸手指着铲子。小男孩大概自己都觉得不好意思了，就主动地把铲子还给了豪豪。我对豪豪说，让人家和你一起玩吧。豪豪本来就喜欢热闹，就高兴地对那个小男孩说，我们一起玩吧。小男孩一下子变得高兴起来。

孩子的世界里本来也有很多无奈的事情，小小孩体形小，在人多的场合很容易被大孩子欺负。每一个家庭教育小孩的方法都是不一样的，我没有办法阻止别的孩子霸道，但是也不能接受豪豪受到欺负。如果每次遇到被欺负就掉头就走，那么对孩子会有什么心理影响？会不会养成他逆来顺受的性格呢？会不会养成他怕事的性格呢？我觉得任何事情都应该看情况而教育，在今天的这个场合，全部有家长陪伴在一侧，我就不想豪豪受到委屈，他应该学习争取自己应得的，他也应该有这个勇气去争取自己应得的。

谦让虽然是一种高尚的品格，但是那也要具体情况具体看待。当霸道的孩子抢夺了他礼貌要来的工具，我不会让豪豪在这个时候去谦让，该出手时就出手，我采用直接教他拿回自己工具的办法。凭什么小的孩子就要委曲求全呢？我是一个不喜欢暴力的人，也不会让豪豪去欺负别人或者抢别人东西，可以用口的就尽量不要用手，但是我一直坚持让豪豪学习一些搏击，以后也会让他学习跆拳道，以便作防身之用。

第七章
给孩子有规则的爱

规则和爱是平行的,界限和自由是共存的,有规则的爱,有界限的自由,才是我们应该给予孩子一生的财富。

温柔地坚持原则,不能被孩子牵着走

每个瞬间,你看到孩子,也就看到了自己,你教育孩子,也是在教育自己,并检验自己的人格。

男孩子和女孩子无论在体格发育上还是性格发展上,都会有很大的不同,就如同我们知道的女生开口说话可能就会早过男孩子,而男生在行动方面可能就会早过女生。所以在对待和处理哭闹事件的时候,我们做父母的也要从性别和个性上面来做考虑。

当然我个人还是会建议在面对孩子无理哭闹的时候,要坚持自己的原则,只是所用的方法要有所选择,只要你放弃了自己的原则,孩子一旦尝到了甜头,今后这样的哭闹就会不断发生,而你也就被孩子控制住了你的行为举止。但是我们做父母的,其实应该把控制权牢牢地掌握在自己的手里,因为孩子还没有分辨是非好坏的能力,而且我们也不能传递给他们一种错误的概念,事情并不是都必须以他们的意志为导向的。

例子一:幼儿园里有一个三岁的小女孩,很喜欢换别人的裤子穿,虽然这也不是什么很大的问题,可是在幼儿园里,你总是跑去穿别人的裤子,无论怎么说,都不是太好的习惯。之前,我也容忍过几次,总觉得不是很大的问题。可是现在她每天都这么做,我就开始觉得这个习惯要改改了,当她把裤子脱掉去找别人的裤子时，我走过去把她的裤子交还给她，并且告诉她，只能穿自己的裤子，别的小朋友的裤子别的小朋友也要穿，你穿了她的裤子，等她要换的时候，穿什么呢？她就开始生气，大声哭闹，怎么都不肯穿自己的裤子，和她好好说也不听，我就由着她坐在那里，只是很严肃地告诉她，我知道你很伤心，你可以哭，等你哭完了，就要把自己的裤子穿起来。正好午饭的时间到了，她平常特别地爱吃橘子，我就故意地大声说，今天的橘子好甜哦，穿好裤子和洗过手的小朋友就可以过来坐好，分完了就没有了。除了她之外的小朋友都来了，我就给他们分着橘子，她就一直看着，过了几秒钟，她就自己穿好了裤子，洗完了手，出来坐到了她的位置上，举手跟我要橘子，我就表扬她说，今天老师很为你骄傲，因为你今天没有穿别的小朋友的裤子。然后我就分了橘子给她。之后，她就没有再去找别的小朋友的裤子穿。

例子二：以前，因为怕儿子坐在后座无聊而吵闹影响我开车，每次我单独开车带儿子出门的时候，就会给他一点糕点，让他有点事情做，这似乎养成了一种习惯。之前，我提过我儿子最近很不爱坐他自己的位置上，每次都要问我要糕点才能给我乖乖地坐回他的座位。我后来越想越不是味道，有一天，他还是这样和我闹，我就当着他的面把放在车上的糕点都收了起来，很严肃地告诉他，今天你没有听话，妈妈要把所有的糕点都收掉，但是你还是要坐回到你的位置上，妈妈等你。他在车上玩了一会儿觉得无聊，就自己爬上了自己的座位，我就把安全带给他系好，开车去了。他就在后面哭，嚷着要糕点，我一边开车，一边说，妈妈说过你今天没有听话，没有糕点吃，你可以哭一会儿，不然就看看外面的风景。他还在那里哭，我就继续重复我的话，还把儿歌的音乐打开，过了没几分钟，他就不哭了。我儿子因为比较皮，所以我对他的管教相对比较严格。对他，我从来都是说一不二，连他爸求情我也不理。

每一个孩子都是不同的，而且在对待不同的事情上，处理的方法也是不同的，只是我们要掌握好一个度与量的分寸，了解每一个孩子的接受程度，做到心中有数。小孩子哭闹主要也是因为没有随了他们的意愿，所以让他们哭一会儿，才可以帮助他们发泄心中的不满，一定要解释给他们听为什么你要这么做，也要给予适当地鼓励和表扬。

惩罚孩子的三种有趣方法

美国的法律规定父母亲不能打孩子,如若被爱管闲事的人看到了就会报警,那么对父母最大的惩罚是隔离父母亲和孩子。我从小在中国长大,也是在传统的打骂教育中成长起来的,而且我个人也觉得对孩子必要的打骂也是需要的。可是偏偏我住在美国,每次一想到如果被好事者看到,就要承受和儿子分离的痛苦,我只能忍住。

有一次实在是生气就打了豪豪的屁股,刚好被豪爸看到了,豪爸很严肃地对我说,这么做是不对的。从此以后我便学聪明了,想了很多不用动手的法子来惩治不听话的豪豪。在美国学习的时间越长,越来越感觉到这个世界上无论是哪一国的人,都有着很多的相通之处。别的不说,就拿着美国人惩罚孩子的做法来说吧。美国家长爱做的惩罚方式就是让孩子站在角落里,换用中国话说就是面壁思过。

说完了美国人的传统惩罚方法,下面就来介绍一下我自己的一些小方法,这孩子一旦打不得骂不得了,那要如何让孩子意识到自己做错了呢?对孩子,我们不能打、不能骂、不能宠,也不能一味地依了他,那么当孩子做错事情的时候我们又该如何去惩罚孩子呢?

第一,罚他吃平时不爱吃的蔬菜或者水果。

当孩子做错事情的时候，如果你真的惩罚他去做一件事情，他其实也是不敢不去做的，因为孩子的内心都是知道错的，只是不想表现出来。孩子多少都会挑拣食物，特别是蔬菜和水果，乘着这个机会让他想想自己的错误，也借机让他熟悉他不喜欢的蔬菜的味道和口感。有的时候，吃习惯了也就不再挑食了，最重要的是他自己如果不喜欢吃的东西你惩罚他吃，他就会对他所犯的错误印象深刻。

第二，罚他收拾自己的房间。

豪豪有过一次哭闹着不睡午觉，我就罚他收拾他自己的房间，然后把部分玩具洗了，最后让他整理书盒，把自己喜欢看的书放在一个盒子里，把中文书分类出来放在一个盒子里。最后还给他一个小的吸尘器打扫房间。后来我和他都很累，一起躺下就睡着了。虽然说这个方法，做父母的也很辛苦，因为要跟着他一起做，而且要教他才是最累的。但是这个方法的好处是一来可以让他学习自己的事情自己做。二来，他运动累了，自然就睡了，比跟他发火要好多了。最后，还可以把房间清理了一遍。

第三，罚他重复做同一件事情。

任何一件事情一旦做得太多遍了就会感觉很无聊，孩子的耐心比我们更差。有一次，豪豪不肯分玩具给邻居的小姑娘，这点我不会强迫他，只是告诉他玩一会儿借给小朋友玩一下，大家要一起玩才更有意思。后来他就推那个小姑娘，还把小姑娘推倒在地上。我就顺手给了豪豪一个枕头，让他用力地把枕头丢在地上，然后捡起来，再丢再捡。几次之后他就不干了，要跑走，被我抓了回来。我告诉他，你不肯分享玩具就和小朋友好好说，你把她推倒就是你的不对。如果你觉得你错了，就去和小朋友说对不起，让她和你一起玩玩具。如果你不肯，就继续丢捡枕头。说完我就把枕头丢给他，豪豪开始还觉得他没有错，一边哭一边丢枕头，过了一会儿，他累了，看我还是没有让他停下来的意思，就跑过来抱我。豪豪很会柔情政策。我问他，推小朋友对吗？这下立刻跑去和小朋友说对不起，还主动把玩具给她玩。

有的时候，小孩子有个小脾气，就看谁比谁更坚持得住。丢枕头其实是很无趣的事情，小孩子开始也觉得好玩，当你严肃下来让他继续重复一个动作的时候，他就会觉得这个根本不好玩，他就会妥协。在惩罚孩子的问题上我觉得要看不同的事情用不同的办法。只要是对自己培养孩子有效的方法就都可以自己去想，去创造。

换种说话方式，站在孩子的角度看问题

在很多父母的提问中，我发现了这么一个问题。大多数父母在面对孩子的问题时，会变得口拙。或许是因为我们是父母亲，所以我们有权威。或者是因为爱得深，反而忽略了我们的说话技巧。又或者是因为这是我们的孩子，坦白真实地说话就可以了。是这样吗？

我一直觉得人与人的相处是一种很微妙的学问，即便是和我们的父母亲、我们的孩子。我们的教育是通过我们的语言表达和肢体表达来完成的。

相对于肢体语言，口头语言更是需要我们认真思考的一种相处技巧。或许我们简单的一句话，就可以改变孩子的想法，而不需要生气，更不会因为话不投机而产生一些教育上的问题。

要知道怎么去和孩子说话，怎么说话孩子才会听？我先要知道孩子的脾性，而大多数的小小孩都有一些共同的特征。比如，他们喜欢表现自我，喜欢帮助人来体现自身的价值，喜欢与人一起玩得快乐，喜欢被人称赞，喜欢被爱包围的感觉，喜欢反抗大人，喜欢尝试你说不的东西，等等。再比如，他们不喜欢一个人的孤单，不喜欢让人抢了东西的感觉，不喜欢被别人比下去，不喜欢我们说不，不喜欢听话，不喜欢约束，不喜欢规矩，等等。

每一个人都是这么长大的，关键的还是看我们做父母的教育态度。我记得

一个朋友说过，孩子在学习的阶段，不能让孩子控制束缚了我们，而是应该我们占主导地位，来引导孩子的行为。幼儿教育就像是一场亲子赛场，谁拿到了主控权，谁就赢了。

那么你想不想拿到这个主控权呢？就先从交流的第一步开始吧。

第一，学会用逆向思维。

我们知道孩子很喜欢对我们说不，或者干脆不做。你若是说玩完了把玩具收拾好，除非你的孩子特别听话，大多数孩子在听到这样的话之后，会置之不理，或逃之夭夭。如果你反着思考，他要我怎么说才会收拾玩具呢？也就是说，先想他会收拾玩具，然后想他在什么情况下会收拾，再考虑我要怎么说才会让他这么做？所以在我们说之前其实是应该想好的，对不对？

"妈妈帮着你一起收拾玩具，好吗？""我们比赛看谁先把玩具收拾好？""是妈妈的动作快还是你的动作快呢？""这些玩具放在哪里呢？你可以告诉我吗？"等等。这些都是提高孩子收拾玩具积极性的话，再有，我们也可以唱一首收拾玩具的歌。在家中通常没有别的小朋友的前提下，我们应该把自己当作他的朋友，来教导他怎么做。

第二，教育孩子要明确目的性。

在孩子犯错误的时候，我们是需要孩子一定要说对不起呢？还是我们的目的是让孩子意识到错误在哪里呢？豪豪曾经有过这么一件事情，他无意中把一个软的玩具丢到了一个婴儿身上。婴儿的母亲看到后就对我说，要豪豪说对不起。豪豪一直闹着不肯说，但是我已经知道他知道这么做不对了。这时有另一个家长过来说，我看孩子知道错了，不一定要说对不起。那位婴儿的母亲也客气地说，下次不要丢玩具了哦。

这件事情给我留下了很深刻的印象，那两位母亲都同是教育界的人士，开始的时候我尝试说服那位婴儿的母亲，我说，豪豪已经知道错了，他已经不敢看我们了。婴儿的母亲没有表示，我也不好说什么，毕竟犯错的是我的孩子。幸好另一位妈妈出来说话，缓解了这个局面。我只想通过这个事情来说，父母亲应该清楚我们的教育目的在哪里，那样才可以把话说得让自己和孩子都满意。或许我们说你知道你错了吗？你可以丢玩具在婴儿的身上吗？而不是说你要说对不起。一句对不起如果是逼出来的，那也起不到应有的教育目的。

第三，尝试一下换主动为被动。

孩子长期在我们的教育下，被规定了这样那样，让孩子的内心产生了极大的不满。他们不明白为什么我一定要听大人的话，不听又会如何呢？试想一下，如果我们在面对父母亲的时候，我们的爸妈说，你要这么做，不能那么做。即使你知道他们是为了你好，你也未必愿意听，对不对呢？

所以，我们可以换一下思维，换主动为被动。比如说，我想拉着孩子过马路，孩子却不愿意你拉着。如果我们说，过马路要拉手，不如说，请你拉着妈妈过马路，好吗？我曾经因为这件事情写过这么一篇文章，当时最大的感受就是换一种说话方式就会有不同的结果。在一些孩子不愿意做的事情上，而我是一定要孩子跟着我做的，那就说话的时候把孩子的主观意识摆在前面，让他感受到他在主导这件事情，他在主动的一方。同样的目的，过程会轻松很多。

其实很多父母亲都是知道说话的魅力的，所以就按照自己要教育好孩子的美好意愿思考一下自己的说话方式吧。相信我，有力的说话方式会减少很多育儿中的问题。

对孩子的爱要大声说出来

中国人喜欢内敛含蓄的表达方式,即使对孩子也是爱在心中。相反,外国人喜欢把内心的想法夸张地表达出来,对孩子的爱也会大声说出来。

曾经的我很难接受老美那种表达爱的方式,我认为爱就应该表现在行动上,让人可以感觉到体会到,那就是最好的表达。老美却喜欢把爱说出来,每天每天说。对着孩子更是找到机会就说:"I Love You!"

住在美国的这些年,我渐渐地有些被同化了,然而骨子里却还是有着固有的传统思想。尽管我还是常常对豪豪说我爱你,但是我从未注意到自己在生气的时候,爱字却是那么的难以说出口。

前天,家门口的商场新开了一家牛肉面馆,一向喜好吃面的我立刻带着豪豪前往品尝。我去的时候已经过了吃饭的高峰期,餐厅里很安静,到最后就剩下了我和豪豪。刚吃了几口面,豪豪就饶有兴致地打量起餐厅,然后告诉我吃饱了。我告诉他:"那你坐在座位上等妈妈吃完。"

几分钟后,他坐不住了,东看看西望望,左晃晃右摇摇,终于冲下了椅子,飞快地跑去了饮料台。我赶紧走过去,抓他回来,再次告诉他:"坐好,等妈妈吃完。"这次,他换了一个玩法。他趁着我低头吃面的时候,跑下去绕着隔壁的三张桌子快速地跑了一圈回来,还未等我开口,就已经坐回到了座位上。

几次下来，他好像玩出了一个乐趣，完全不顾及我。而我本身并不喜欢在公众场合批评孩子。所以，一直隐忍不发，好在餐厅没有旁人。我快速地吃完面，带着他离开。

　　回到家的时候，他吵着要去攀岩。我告诉他："你今天在餐厅的表现不好，罚你今天没有攀岩玩。"他生气地说："可是你答应带我去的，我就要去。"此话一出，点燃了我隐忍下来以及不能享受美食的怒火。我生气了，重复了一遍我的观点："你今天吃饭表现不好，没有攀岩玩。"

　　豪豪一听我提高的音调，就一个人坐在沙发上赌气。晚上豪豪临睡前，豪爸问我："你和豪豪今天怎么啦？""什么怎么啦？""他说你不爱他。""什么？"我不知道豪豪怎么会有这样的想法，一下子愣住了。

　　我开始回想事情发生的全过程，检查自己做错了什么，会让他有了这个想法。豪爸提醒我："豪豪知不知道他做错了什么，你有没有告诉他你爱他呢？"我突然明白到自己生气的时候，忘记说我爱他了，也没有具体地解释给他听要罚他的原因。

　　我走回到豪豪的房间，打开灯，伸出了我的双臂："可以给妈妈一个抱抱吗？"他高兴地从被子里钻出来，紧紧地抱着我。我抱着他坐在我的大腿上，然后很认真地对他说："豪豪，妈妈很爱你，永远都爱你。"他说："真的吗？"他露出了笑容。

　　"是的，我爱你。"我们又重新地拥抱了一次。"豪豪，你知道今天为什么要罚你吗？""因为你不喜欢我？""不是的，我一直喜欢你，爱你。我们不是说好的，吃饭的时候要坐在座位上，对吗？""对。""那刚才我们吃饭的时候，你有坐在座位上吗？""没有。""你做了什么呢？""跑步。""对的，那吃饭的时候跑步，对吗？"他低下了头，轻声地说："不对。"

　　"恩，好吧，那这次妈妈原谅你。下次吃饭的时候不能乱跑了，好吗？""好，那妈妈，你还爱我吗？""是的，妈妈永远爱你。我爱你。"我紧紧地抱着他，亲吻着他。

有的时候，孩子做错了事情，并不一定明白自己做错了什么。父母却很生气，还理所当然地觉得孩子应该知道自己错在哪里。在生气的过程中，往往就忽略了告诉孩子我们爱他，而一味地指责批评惩罚孩子，从而让孩子产生了负面的想法，有了抵触情绪。

豪豪的三岁反叛期来得有点晚，一直到最近，我才渐渐地觉察出他的反叛。三岁的反叛和两岁的麻烦有很多的不同，如果说两岁的麻烦是直接地让父母头痛；那么三岁的反叛就是狡猾的行为，它总是让父母有几分无奈。

就拿今天的事情来说吧。豪爸发现墙壁上有一个小洞，就自己用石灰和一些材料补好了那个小洞。刚补上去的时候，那个小洞的位置上会有一些粉色的圆形呈现，等石灰干了，其实就会变回白色，也就看不到什么了。

豪豪看到墙壁上有个粉色的圈圈，兴奋地站在凳子上用手拼命地摩擦。一边摩擦一边问我："怎么什么也没有呢？"豪爸看到豪豪的行为，在我还没有开口之前，已经大声地喝道："不要动，你赶快下来。"

豪豪看了一眼爸爸，好奇心更重了，在豪爸奔向他之前，快速地用手再次摩擦了一次那个粉色，然后快速地溜下凳子，跑开了。气得豪爸一边检查墙壁一边大声地训斥他："你是不是要去 time out？你擦掉了，我就要重新做一次了。"豪豪看着自己的手，举着手委屈地说："可是我手上没有粉色呀！"意思是他没有破坏到那个粉色的圈圈。

豪爸是又气又急，这边要马上给补上一些石灰，因为豪豪已经擦掉了一部分，只是豪豪的手上没有显示粉色而已。那一边他又想教育豪豪，最后就变成了："不准你接近这个凳子。"这下轮到豪豪生气了，他很想知道粉色的那个圈圈是什么，又不明白豪爸干嘛生气。就故意跑到我跟前撒娇地说："妈妈，爹地不喜欢我了？"

我看到了全部的过程，拉着他去洗手间洗手，然后蹲下身子看着他说："爹地不是不爱你，只是你把爹地刚补好的墙壁弄坏了，爹地生气而已。你想呀，要是爹地把你的玩具弄坏了，你会怎么样？"他答："我会不高兴。""那你还会爱爹地吗?"我继续问。他想了想说:"我爱爹地。""那你破坏了爹地的东西,是不是做错了呢?"我继续引导他。

他有些不情愿地点点头。我又问:"那要是妈妈把你的超人手机弄坏了,你会生气吗?"他又点点头。我抱着他说:"那妈妈给你抱抱,会不会感觉好点呢?"他抱着我说:"嗯。""那豪豪要不要去给爹地抱抱呢?"我拉着他走到豪爸的面前。豪爸其实已经不生气了,看到豪豪走来,主动地抱起了豪豪。

豪豪说:"对不起,爹地。我爱你。"豪爸紧紧地抱着豪豪:"我也爱你,很爱很爱你,宝贝。"他们父子俩好像什么事情也没有发生过,又开始玩闹了起来。

所以说,无论在什么情况下,父母都应该把爱对孩子大声地说出来,那样孩子才能接受到正面的教育能量。然后把事情的原委解释清楚,就会很容易解决育儿上的一些难题。爱就好像一个催化剂,可以让问题变得很渺小。只要父母大声地对孩子说出爱的真言,孩子也就会回报你爱的行动。

鼓励孩子是个技术活

刚回到美国的最初一段时间,我对自己和豪豪的表现都很郁闷,对自己的失望更是焦虑的根源。事情要从豪豪的兴趣班说起,回到美国就步入轨道地——替豪豪补报了之前学习的兴趣班,从游泳、功夫和跆拳道开始。幼儿园因为名额的问题,我们居然很不幸地一直等在 waitlist 上面。

也许是因为我带着豪豪在中国转了近三个月,我和他都有些玩疯了。无论上什么课,豪豪的表现和之前判若两人,总觉得上课是一件很好玩很好笑的事情,这让我着实懊恼和惊讶。面对老师的教育,他似乎很难意识到自己的问题。开始的时候,我真的很生气,很难冷静下来。我一直不断地和他重复,妈妈只需要一个认真的孩子,并不在乎你学到了多少,但是最起码你认真地听课,认真地学习,即使是一只笨鸟,我也以你为荣。

话说到这个份上,自己都感到几时我也成了惹人厌的唠叨婆。我不喜欢这样的自己,更讨厌的是每次我开口,豪豪就会露出厌恶的神情,甚至会说"妈妈,不要说了"。我突然间意识到,自己是怎么了?这一点都不像自己了。我开始告诉我自己,放轻松,不就是学着玩吗?我一遍又一遍地麻醉自己,不去关心他的不认真,忽略老师对他的批评。

渐渐地,我的心态开始慢慢地恢复,尝试用鼓励法。每天一点一点地重新接近豪豪的心，坚持了一个多星期，效果很是明显。我强烈地感觉到，我之前的生气批评其实根本就是和自己过不去，对孩子一点作用也没有。豪豪本身是一个独立的孩子，他没有因为害怕我而改正他的缺点，而我也意识到其实他或许根本不知道自己错在哪里，无谓的生气毫无意义。

这里，我想对有着同样困扰的父母亲们说，改变自己才能改变孩子，父母的态度决定教育孩子的方式。对付叛逆的孩子，我们更应该多用鼓励法，这是一种正面教育。

诀窍一，忽略错误，寻找孩子的优点。

豪豪在练习跆拳道的时候，很多时候会捣乱课堂，老师几次找他谈话。上课的时候老师也注意他，但是他的顽皮起初很出乎我的意料，一连几堂课都是如此。后来我不再关心他的错误，而是寻找他在课堂上表现好的地方，也用手机录下他表现好的片段。下课后，我会很轻松地和他谈笑，然后很认真地告诉他："你今天在课堂上立正站的特别标准。"随后，我还会把这些好的片段给他看，让他欣赏自己的优点。

诀窍二，换位引导让孩子端正学习态度。

我一般都会把教练教的动作录下来，然后回家让豪豪看看加深印象。豪豪因为上课没有好好做动作，但是他其实都记得教练做的每一个动作。我就故意问他："我觉得今天老师教的很有意思，妈妈也想学，你可以教我吗？"我会先和豪豪一起看今天上课的录像，然后让他做一遍给我看，我也在边上跟着练。豪豪每次都特别认真地看教练的动作，然后很严肃地纠正故意做错的我。我希望在他教我的过程中可以体会出教练遇到顽皮学生的心态。

诀窍三，以身作则让孩子感受到认真的态度。

这段时间，豪豪很爱说话，每次豪豪说话的时候，我会特别地放下手中的事情，坐到他的对面，很认真地听他说话然后和他对话。以前我做饭的时候，他找我说话，我会让他等我。现在我就干脆先关火，然后蹲下身子听他说，听完之后，我会对他说："妈妈现在要开始做饭了，必须要专心，不然妈妈可能会被油喷到就会受伤，你不想妈妈受伤对吗？"他点点头，会很乖地说："那我不吵妈妈。"我会告诉他："谢谢豪豪让我专心做饭，那豪豪也去专心看书，好吗？"我希望可以通过自己的行为来引导他明白专心认真的意思。

诀窍四，对孩子的改变要放大，保持孩子改变的热情。

因为每次上课我都要录像，所以前后录像都可以对比。豪豪最近几堂课就认真了很多，进步很大。我每次发现豪豪玩的次数少了或者听教练指令的次数多了，我都会特别地把这些数字讲出来："哇，豪豪，你今天上课踢腿认真做了五次，这真的让妈妈很为你自豪。"豪豪就会很开心地说："妈妈，那我明天认真十次，好不好，你会不会更为我自豪。""那是一定的，那妈妈明天就更认真地帮你录像，然后我们给爸爸看，好吗？"豪豪对自己的改变很满意，我用这个方法想让他知道，只要有好的改变，都是值得高兴的事情，希望他可以继续努力。

诀窍五，做几个认真的游戏。

晚上临睡前，我会和豪豪一起做马步或者弓步，有时候会是俯卧撑等运动。我先把闹铃放一边，然后两个人说好坐几分钟，从开始的一分钟到现在的五分钟。游戏的规则是在做动作的时间里，不许说话，不许搞笑，要面对墙壁，谁坚持到铃声响就是胜利。我都是很认真地和他一起比赛，不会故意让他，到时间的时候，我们俩从开始的双赢到现在我确实做不过他。我发现他专注的时间变得越来越长，特别是俯卧撑这些动作，他现在可以做到20个，在做的过程中，没有精力搞笑更没有办法说话。在做的过程中，我绝对不打扰他，也不会因为他的动作不对而纠正他。做完了，对动作不对的，我会找来视频里别人的正规动作给他看一看。这中间我不会说什么。我觉得他有自己的理解力，他可以通过看别人的动作而模仿下来，所以我多说无用。

我以鼓励的方式去教育他，豪豪的进步很明显。快五岁的孩子会调皮，会叛逆，喜欢搞笑，我觉得都可以理解。我明白豪豪是一个懂事的孩子，所以我不再批评他，也不会强迫他，更不喜欢对他发脾气。现在大家和和气气的，我可以感受到这种平和的家庭氛围和豪豪无意识的进步，很让人欣慰。

不吼不叫也能教育好孩子

很多妈妈在教育孩子时，一急起来就忍不住大吼大叫，你越吼，孩子越差劲，请尝试做个高情商的妈妈，不吼不叫也能教育好孩子。

我始终觉得自己是个强势妈妈，一旦遇到事情，那火爆的脾气就不受控制地爆发了，这恐怕大多数急性子的父母都会认可。在豪豪5岁的时候，会有很多的小缺点，磨蹭也是其中一样。你若让他去刷牙，他有可能会待在水池边先玩一会儿。你若让他吃饭，他就叽叽喳喳地说个不停。总之，孩子的这些无心行为就好像导火线一般会触怒我们的神经。

我试过一次一次地对自己说："他就是孩子，这就是孩子会做的事情。"然后又失败地叫喊了他，接着又后悔地懊恼了。反复几次之后，我对自己很生气。我开始发现，我生气的不是孩子，是我自己。那么我朝着豪豪生气的结果是无用的一种表现。

我相信很多妈妈都有和我一样的心理转变，有着相同的育儿经历。每一个人育儿都是一步一步累积经验而获得方法的。几乎所有的家长都是对自己的孩子束手无策，对别人的孩子都可以极致的耐心。唯独自己的孩子，是最没有耐心的一个。

改变强势妈的情商是很需要的，于自己，于孩子都是必须迈出的一步。

第一，在家中最显眼的地方贴上提醒自己的句子。

我有一个朋友，她有两个儿子，可谓是天天吵，天天打，天天闹。有一段时间，她说，她要疯了，干嘛生两个孩子。她和我一样是个急性子。有一天，我去他们家，在客厅里原本挂着山水画的地方换了一幅大字，她用中文写了一句毛笔字"看不到，听不到，他们不是我的孩子"。说也奇怪，不管她的儿子们怎么吵怎么闹，她就好像聋哑人一样。她说每天看着这几个字，感觉自己被洗脑一样。她完全不理孩子们。我说，你不怕孩子们发生大的事故吗？她笑着说，放心吧，孩子们聪明着呢，在家里保护得这么好的环境，出不了大事。小伤小痛那就让他们自己处理。她还说，孩子们没有大人管着自己相处长大，感情反而好。

这件事情发生在几年前，如今再看她的儿子们，现在一个初中，一个小学，哥哥很会照顾弟弟，两个孩子很懂事很有礼貌，各项表现都很好。就连班上女生写情书，哥哥也直接给妈妈让妈妈处理。我曾经很为苦恼豪豪的吃饭问题，后来我在饭厅的墙上贴了一张："他不可能饿死"。从此以后，他吃饭带给我的烦恼没有了。我根本不管，做好饭了就把菜饭都放在安全拿到的地方，他爱吃不吃。反正说好 1 个小时吃饭，到时间我就收了，也不管他吃好没。这是事先说好的，他也没有抵赖。

第二，心情不好时离孩子远点，做一些令自己开心的事情。

女人有时候心情不好，真的没有太大的原因。特别是经期前后，因为荷尔蒙的缘故，确实会有脾气不好的时候。我们不能对自己太严格了。我有时候能感觉到自己的心情郁闷，开始觉得自己看豪豪做事情不顺眼的时候，我就会带着他去健身房。健身房有专门看管孩子的地方，一次 3 个小时。我就自己去上健身课去做运动，把豪豪丢给别人看管几个小时，等自己出了一身汗，心情也转好了，这个时间段也可以想想自己如何和孩子沟通。

我也会偷懒地想赖在家里看可以让我发笑的电视，就让豪爸带豪豪，也不管他们做什么，反正就是让脾气不好的自己远离孩子。等到自己的耐心回来了，再想想怎么和孩子说他的小毛病。反正心情不好，千万不要去管孩子，只要肯定孩子在一个安全的环境就可以了。即使给孩子看电视也好过你打骂孩子，别因为自己的心情不好而影响到孩子的心情。

第三，无法忍受孩子的错误时，拿孩子照片到一个封闭的地方发泄。

我特别挂了豪豪的照片在家里的两个厕所里，豪豪有一天问我，我的照片为什么要放在厕所里呀。我开玩笑地说，因为妈妈爱你，想无时无刻地都看到你呢，小家伙可高兴了。而事实上，我是用这些照片来发泄自己的情绪。这孩子总有会惹恼自己的地方，有时候，我们让孩子去东，他们偏偏去西。每天总会有一些小事情让我们很无奈。

我真心认为，我们作为一个人是不能因为自己做了父母就只能忍字当头，发泄比忍受更有作用。找一种方式把自己的怨气懊恼发泄出来，也就心平气和了。我也试过拿着豪豪的视频，对着他的视频发火，把自己想说给他的话一股脑都发泄了。自己关在厕所里大喊大叫一通后，心情感觉好了很多。然后想好怎么去和孩子说，再走出去。豪豪有次吃饭的时候，玩玩具，我一直强调吃饭的时候不能玩玩具，以前也没有这个毛病，不知道这段时间怎么了。我说了几次，他当作没有听到。我气得想骂他，趁自己还没有丧失理智前，我跑到厕所里，锁上门，指着他的照片大骂一通。面对豪豪笑嘻嘻的照片，说完几句我气也消了。想好了办法，回头我对豪豪说："豪豪，你饭吃好了吗？"他摇摇头，然后我说："那你现在是选择玩玩具还是吃饭？"我顺便提议："要不我们不吃饭了，你去玩吧，好吗？"他又不干了，把玩具一推开始吃饭。我就装作很顺便地把玩具拿到玩具箱，不再多说一句话。

也许这三个方法算不上什么好的方法，不过对控制我们自己的情绪还是有一定的效果。比起要打骂孩子，我更愿意学会调整自己的情绪，方法奇葩与否不重要，关键是有效就行。

活用正面管教的三个技巧

在我看来，任何育儿的方法都应该因人而异，人有千万种，教育的方法又怎么能千篇一律呢？正面管教自从推出后，很受大家的欢迎，但是绝大多数参加过讲座的都反映，太难了。正面管教对家长育儿的态度很讲究，但有多少人可以保持着这种一贯的正面态度呢？如果你不能坚持，还不如不要效仿。

不提倡效仿并不代表正面管教不好，只是因为根据自己的性格特点和孩子的性格特点，选择最恰当的方式。每一个孩子都会有自己的个性，就好比孩子去学游泳，有些孩子需要严厉一些的老师，有些孩子需要温柔一点的老师，有些孩子也许需要在学动作的时候严肃点，练习的时候鼓励多一点，缺点指出的时候又婉转一点。孩子有个性强的，有嬉皮一点的，有害羞的，有胆小的，等等，他们在遇到同一个问题的时候，如果可以针对性地给出不同的方法，那么最终都会取得很好的效果。

育儿最终目的是教育孩子成为一个性格良好的人，每一个孩子都有自己的一条轨道，而引导者正是我们做父母的。正面管教中，有很多值得我们学习值得我们提倡的方法，但也有很多让我们无法接受的约束。那么别强迫自己，强迫孩子，不如活用正面管教。

第一，倡导"快乐童年"，区分严格管教的分界线。

正面管教提倡给孩子一个快乐童年，这点大部分父母都会同意，有一句话大家应该都认可，孩子的童年就那么几年，应该快乐度过。但是为什么给孩子一个快乐童年就不能严格管教呢？严格管教并不见得就是从我是为你好的出发点引申出来，相反，当孩子做错事情，严格的管教会给孩子树立一个正确的是非观，快乐并不能每天都在笑才叫快乐，孩子哭也是一种情绪的发泄。

第二，坚持正面管教的和善方法，但允许自己适当地发脾气。

我个人确实认为正面管教对家长的要求很严厉，我们也希望可以和善地对待孩子，但是我们也有自己的情绪，也会有只想发泄自己的时候。要是一直克制自己，隐藏自己的情绪，就一定对自己好，对孩子好吗？我不这么看，对于正面管教的和善方法，尽自己最大的努力去做，但是别因为要做到这样而去隐忍，那就和正面管教的中心思想相悖了。

第三，变换对孩子身心伤害小的惩罚手段。

正面管教提倡不骄纵不惩罚的方法管理孩子，但是我们都知道，孩子在不同的年龄段都会有不同的调皮方式，难道孩子做的所有事情，我们不能采用惩罚的方式吗？难道所有的惩罚方式都是不好的吗？我觉得不一定，惩罚孩子并不代表体罚，我们可以采用多样变幻的惩罚手段让孩子明白他的行为是错误的。就比如孩子爱打人，我们可以惩罚孩子通过打墙壁来感受被人打的疼痛，从而教育他为什么我们不可以打人。有时候，我觉得一点小手段比耐着性格和孩子玩斗智游戏更为直接更为有效。

我个人很喜欢《正面管教》这本书，里面有很多很好的方法可以借鉴。同样，我也看过很多不同育儿专家的不同教育方法，所有的育儿方法都有它的可取之处。在我看来，多了解不同的育儿思想是极有好处的，那样你才会学习到更好更多的方法，然后结合自己的孩子加以使用。只要坚定你的育儿信念，至于方法就可以随机随人而变化，别去委屈和勉强自己，那样就会适得其反了。

每日换位思考对孩子说三句话

大多数时候，我看到听到的问题都是："我的孩子专注力不好，怎么办？我的孩子不太听话，怎么办？我的孩子很偷懒，很磨蹭，怎么办？"等等，诸如此类的问题，我几乎每天都可以听到。其实我想问，是不是我们现代的父母都有了焦虑症呢？

孩子固然是有各种各样的不能尽如人意，即便是成人的我们，难道就可以做到尽善尽美了吗？相反，我们才是那个定了型还不能控制自己的模版，换句话说，我们永远看不到自身的缺点，却不断地要求我们的孩子是一个人见人爱、车见车载、不用自己操心的完美宝宝。而这里错就错在我们的要求是一把锁，一把让人心寒的教育之锁。

它锁住了孩子的自由发展，锁住了孩子的健康，锁住了孩子的想象力。教育，是不是应该从孩子自身出发，扬长避短呢？真的，我特别希望所有的父母都可以看看孩子的优点，每天都积极正面地教育我们的孩子。

是不是早读书的孩子以后就一定幸福？有人总是说孩子三岁看到老，三岁你真的可以看到孩子的未来吗？你到底看到了你孩子怎么样的未来呢？社会在改变，未来在飞越，你永远不会知道你的孩子未来会不会幸福，但是有一点是肯定的。就是你可以让你的孩子有一个幸福的童年，这是你可以看到并且给予的。

所以，请所有的父母亲们，在你早晨醒来的第一时间，应该告诉你孩子的第一句话是：

宝贝，新的一天开始了，祝你开心！

有时候，我觉得早晨对母亲来说就好比大战，我每日6点起床为家人准备早餐然后帮孩子准备带去学校的午餐，自己还饿得不知几时得空吃早餐。往往这个时候，豪豪的拖拉不爱吃我做的早餐都会让我心情变得很沮丧，后来我发现当我心情不好的时候，就会迁怒他人，其实如果早上我的心情不好，这一天我都会很不开心，总觉得内心有什么堵塞着。我只是不想让我的不好的情绪影响到孩子。

好吧，不管如何，我做到了一个母亲该做的努力，我依然做我的早餐，依然每日6点起床，依然照旧给他准备午餐，即便有时候他真的是不吃带回来。但是早晨我为了让自己开心，让他也开心，我都会告诉他：宝贝，新的一天开始了，祝你开心。

第二句话：我相信你，你可以的，加油！

随着豪豪的长大，他变得有点让我这个母亲跟不上节奏。一直很独立的他，有时候会懒懒的，会要求我帮他绑鞋带。有时我看到别的家长都帮孩子背书包，我会觉得儿子的书包这么重，我是不是该帮他呢？而他也会用羡慕的眼神看着别人家长这些温馨的举动。我曾经也挣扎过，为自己的狠心伤心过，但最终还是作罢。

有时候，豪豪会和我抱怨，感觉别的同学的母亲比我好。我笑笑对他说，那是因为妈妈相信你，你可以的，加油！我就是如此地信任你，认为你是一个小大人，可以做好你自己的任何事情，这样也是一种爱，而且是一种更语重心长的爱。

后来，豪豪反而再也不会有这些要求了，他习惯了独立，就不再需要我了。因为他也觉得这些做习惯的事情自己做起来更有意义。

第三句话：无论如何，我会一直爱你，晚安！

一天的劳累下来，要和豪豪谈心，要帮助他完成作业。我绝对不是一个凡事都对他千依百顺的母亲，相反，有的时候我是严厉的。虽然我从来不关心孩子到底学习得怎么样，但是我关心他是否认真的态度。玩的时候认真玩，疯玩，可是拜托你写作业看书的时候，也可以很认真地对待。

有时候我们会有母子摩擦，会有口角，会有争辩，会彼此闹脾气。但是无论如何，到了晚上睡觉前，我都会陪着他坐在他的床边和他说几句话，然后最后一句一定是：我会一直爱你，晚安。而他也会如此地对我说：我爱你，妈妈。不管有多大的不同意见，多大的争执，爱是我们母子永恒不变的心桥，永远不会变。

孩子放狠话，妈妈还好吗

随着豪豪的年龄增加，这个从小就带有运动员气质的小男孩也有了运动员的小脾气，任性得很。凡是他认定的事情，即使你告诉他做错了，他也是固执地要撞破了头才肯承认自己的错误。这样也好，孩子嘛，都是要用错误来铺垫他的成长之路。

平日里，豪豪是一个较为温顺也比较懂事的小男孩。但是，男孩就是男孩，总有脾气不好的时候。加上他长期处于受人赞美的状态，对某些他认为他很擅长的事情就会特别的任性。比如说，棒球。从小就深受棒球熏陶的他，可以倒背如流地把棒球游戏规则随口说给你听。这样的他，对别人批评他的棒球姿势是最为气恼的。

有一次，一群男孩拥在我们的车库门口草地上玩棒球。有一个印度的小男孩比豪豪大了 3 岁，他极少玩棒球，可想而知，棒球的技术肯定不会很好。豪豪刚好分配到和他一个队，开始的时候还很耐心地和他解释棒球的游戏规则，几轮输球之后，小家伙就开始抱怨是那个小朋友的错。小朋友自然是感到有些委屈，毕竟人家刚学习呀，就和豪豪杠上了。一个不承认自己的错，一个非要怪责是别人的错。突然间，我听到豪豪很生气地对那个小朋友说："你再也不是我朋友了。"

我看到那个小男孩铁青的脸和尴尬的表情，觉得豪豪有点过分了，这话说得有点重了。毕竟小朋友经常在一起玩，而且还是邻居，就为这点小矛盾这么说话多不好呀。我就走过去打个圆场说："大家都是好朋友，玩游戏吗，能没有点自己的不同意见。"豪豪倒是不搭理我，气呼呼地扔下棒球手套就跑进了车库。我只好追进车库安慰他："他不会，你是不是应该耐心地教教他呀？"豪豪很生气地对我说："你总是帮别人。"他这么一喊，我才明白，原来他现在是气上加气了，本来和小朋友玩得就不痛快，总是输球，现在妈妈还不帮自己说话，更是难受。我看见他眼睛红红的，有些心疼。

我只好固执地把他拥入怀中，让他尽情地发泄。唉，妈妈也不好当呀！等了一会儿，他的情绪平复了，我才敢慢慢地给他分析，还得先承认了自己没有站在他的角度上考虑他的感受就出面干涉了他的事情。其实，那时候我心理也挺委屈的，出于好心出面打圆场而已，居然加大了儿子的嫉妒心，反倒认为我是帮着外人指责他呢。其实我心里清楚，他也知道他说话说狠了，内心本来就有点不舒服。所以为了他的小自尊心，做妈妈的只好小心翼翼地旁敲侧击了。

也不知道是不是这个年龄的孩子，对有些话似懂非懂的原因，还是因为他们觉得偶尔放狠话会很帅气，或者是认为他们只要放了狠话，我们做大人的就会妥协呢？

让我印象最为深刻的一件事情是某天晚饭时，我和豪豪的争执，豪豪说了一句狠话，让我当场气结。当妈的都希望孩子能吃得健康吃得有营养，我也不例外。我每天都花费很多时间精心准备一顿有肉有菜有营养的晚餐给他，可是那天晚上，他却硬是一口也不吃，非要吃肯德基。我真的很生气，要知道他不吃，那我干嘛还在厨房忙活半天呀！所以，当下，我很固执地说："你要不就吃我已经做好的饭菜，要不今晚就饿肚子。"我至今记得，豪豪当时特别的生气，小脸涨得红红的，重重地推开他身后的餐椅，然后对我大叫："你就是想饿死我，把我饿死算了。"当他说到死这个字的时候，我的心好像被狠狠抽了几下，难道我在他的心里竟是一个如此狠心的妈妈吗？

我不知道该如何接话，一时间竟无言以对。豪爸很严肃地批评了豪豪，让他和我说对不起，我可以感觉到我的泪水在眼眶里打转，那一刻，我觉得语言是多么锋利的一把刀呀，特别是面对自己深爱的人。尽管他只是一个小孩子，说出来的话或许根本就没有任何的意义，可是我的感受还是那么的难受，那么的心痛。让他有一个良好的饮食习惯，难道是我错了吗？我知道最近这一年，他开始渐渐地不喜欢吃蔬菜了，可是良好的饮食习惯就是要多吃蔬菜呀！我就应该任他随心所欲吗？不，教育当然不是这样的。

我默默地吃着我的饭，听着豪爸在一旁很耐心地和豪豪沟通，内心里却生气地打定了一个主意，今晚就是不给他吃肯德基。要不然下一次，他是不是要放另外的狠话逼我就范呢？吃完饭，我也是默默地收拾了碗筷，一句话不说。豪豪在豪爸的怀里哭了一阵子，然后在豪爸的带领下，怯怯地对我说："对不起，我错了，妈妈。"我当下抱着他说："没关系，我知道你是生气了。这次我原谅你，妈妈真的很伤心听到你这么说，你可以保证你下次再也不说这种令妈妈伤心的话了吗？"豪豪点点头。那晚，他还是没有吃饭，饿了一晚上，也没有再要求吃肯德基。

同样的事情，还发生过一次，那次是因为临睡前他突然要喝牛奶，我告诉他，刷完牙，喝水就好了。他也是说了一句："你想我渴死吗？"不过那一次我没有伤心，因为我后来想过了，是不是最近他们学校在学习死亡这个单词，或者他在哪里学会了这个词，而进行了广泛使用。那一次，我笑着对他说："不喝牛奶才不会渴死呢，不喝水才真的会渴死哦。"他听完我说的话，歪着脑袋想了一会儿，突然明白自己说的话根本不成立，不由自主地笑了起来，乖乖地接过我给的水瓶，咕咚咕咚地猛灌了几大口。

这件事之后，我发现，其实小孩子放狠话，最大的原因就是变相地希望可以达到他们自己的目的。只要我们不要太在意这些狠话，而是耐心地和孩子聊聊，或者找到一个突破点加以幽默地说话方法，让他们明白我们的苦心，孩子也是很好说话的，那些狠话一旦失去了它原有的作用，也就不再有任何意义了。

大的教育是由生活中无数的小事构成的,几乎每一件小事的处理方式,都反应了父母的教育价值观和教育素养。

——尹建莉